国家社科青年基金项目（23CGL021）；安徽省高校科研计划社科重点项目（2022AH050542，2023AH050200）；安徽财经大学科研项目（ACKYC22052）；安徽省高校省级质量工程项目（2022sx002, 2022zybj001, 2021sx005）；安徽省新时代育人质量工程项目（2022jyjxggyj278, 2022shsjsfkc016）；安徽财经大学本科教学质量与教学改革工程项目（aczygz2022006）；教育部高校学生司供需对接就业育人项目（20220103153, 20230101784, 20230101785, 20230101786）；合肥工业大学与安徽晟元工程有限公司合作的横向课题（W2023JSZX0865）

U0514566

重大建设工程
技术创新联合体形成
与多视域下创新主体行为演化研究

袁瑞佳 钱应苗 ◎ 著

中国财经出版传媒集团

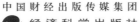

经济科学出版社
Economic Science Press

·北 京·

图书在版编目（CIP）数据

重大建设工程技术创新联合体形成与多视域下创新主
体行为演化研究／袁瑞佳，钱应苗著. —— 北京：经济
科学出版社，2023.8
ISBN 978 - 7 - 5218 - 5089 - 5

Ⅰ.①重… Ⅱ.①袁… ②钱… Ⅲ.①建筑企业 - 工
业企业管理 - 研究 - 中国 Ⅳ.①F426.9

中国国家版本馆 CIP 数据核字（2023）第 163865 号

责任编辑：白留杰 凌 敏
责任校对：靳玉环
责任印制：张佳裕

重大建设工程技术创新联合体形成与多视域下创新主体行为演化研究
ZHONGDA JIANSHE GONGCHENG JISHU CHUANGXIN LIANHETI XINGCHENG
YU DUOSHIYUXIA CHUANGXIN ZHUTI XINGWEI YANHUA YANJIU

袁瑞佳 钱应苗 著
经济科学出版社出版、发行 新华书店经销
社址：北京市海淀区阜成路甲 28 号 邮编：100142
教材分社电话：010 - 88191309 发行部电话：010 - 88191522
网址：www. esp. com. cn
电子邮箱：bailiujie518@126. com
天猫网店：经济科学出版社旗舰店
网址：http://jjkxcbs. tmall. com
北京密兴印刷有限公司印装
710 × 1000 16 开 10.25 印张 170000 字
2023 年 8 月第 1 版 2023 年 8 月第 1 次印刷
ISBN 978 - 7 - 5218 - 5089 - 5 定价：46.00 元
（图书出现印装问题，本社负责调换。电话：010 - 88191545）
（版权所有 侵权必究 打击盗版 举报热线：010 - 88191661
QQ：2242791300 营销中心电话：010 - 88191537
电子邮箱：dbts@esp. com. cn）

前　言

　　创新效率不仅仅取决于各个行为主体的高效运转，更取决于参与和影响创新资源的配置及其利用效率的行为主体、关系网络和运行机制的综合体系。改革开放以来，我国社会经济与科学技术取得了全面进步，通过不断深化经济和科技体制机制改革，构建起了以企业为主体的创新联合体的技术创新体系。"十四五"规划提出，推进创新联合体深度融合，支持企业牵头组建创新联合体，承担国家重大项目。以建筑企业为主体构建重大建设工程技术创新联合体，能够有效缓解各参与主体创新能力不强的困境，促进建筑企业等主体创新能力及效率的提高；以及为突破建筑产业关键核心技术，提升产业链创新水平提供新思路。基于此，本书首先采用定性比较分析法（QCA）对重大建设工程技术创新联合体的形成条件进行组态分析，探究重大建设工程技术创新联合体的形成路径；其次，从创新链、供应链、总承包、平行发包等不同视域，通过博弈论、数学建模及计算机仿真分析等方法，构建重大建设工程技术创新联合体中创新主体决策行为的演化模型，刻画不同情境下重大建设工程创新联合中创新主体行为在多种因素作用下的演化过程；最后，提出促进重大建设工程技术创新联合体形成和发展的政策建议，为建筑企业技术创新能力提升提供基础环境，以及持续推动不同情境下重大建设工程创新联合体发展提供了有益理论指导与参考价值。研究发现：

　　第一，重大建设工程技术创新联合体的形成是由多因素共同作用的结果。通过模糊集定性比较分析中单个条件变量的必要性分析和条件变量组合的充分性分析，可以得出单个条件变量并不构成重大建设工程技术创新联合体形成的必要条件，重大建设工程技术创新联合体的形成是曰外部层面影响因素（市场需求、政府支持）和内部层面影响因素（创新领导者、主体邻近性及异

— 1 —

质资源需求）共同作用的结果。

第二，驱动重大建设工程技术创新联合体高形成成效有三条路径，分别为"需求引导—政府驱动型""需求引导—领军企业主导型"以及"异质资源驱动—领军企业主导—邻近主体协同型"路径。三条路径均强调了需求的引导和驱动，不同的是，"需求引导—政府驱动型"路径注重发挥"有为政府"作用；而"需求引导—领军企业主导型"路径则是强调发挥领军企业主导作用；"异质资源驱动—领军企业主导—邻近主体协同型"路径的核心是由领军企业牵头，协同产业链创新链邻近主体，共同组建重大建设工程技术创新联合体。

第三，基于创新链视域，聚焦轨道交通建设工程，依据已有创新链的定义，结合轨道交通建设工程技术创新实践，界定轨道交通建设工程技术创新链的基本内涵，深入分析该创新链演化过程；基于混沌理论，分析轨道交通建设工程技术创新链演化的混沌特性，构建该创新链演化模型与混沌控制模型，并借助 Matlab 软件，开展数值模拟分析，进一步揭示轨道交通建设工程技术创新链演化规律，为提升轨道交通建设工程技术创新成果提供理论支撑。

第四，基于供应链视域，考虑绿色建筑材料制造商的技术创新决策行为，构建了由绿色建筑材料制造商和工程总承包商组成创新联合体的二级供应链系统，其中绿色建筑材料制造商投资低碳技术并生产绿色建筑材料，在供应链中处于主导地位，而绿色建筑材料制造商生产可以相互替代的绿色建筑材料。工程总承包商在供应链中处于追随者地位，同时销售两种类型的绿色建筑材料。本书采用逆向思路求解模型，通过数值模拟分析绿色建筑材料制造商和工程总承包商调整系数的稳定域、不同参数对系统稳定条件和演化进程的影响。

第五，基于总承包视域，考虑声誉因素影响，构建重大建设工程创新联合体中总包商和分包商合作创新行为的演化博弈模型，研究协同创新收益分配系数在内的多种因素的影响，并运用 Matlab 软件分析各因素对演化路径的影响。研究结果表明，合理的收益分配系数可以促进博弈双方向积极方向演化；创新成本的降低和外溢技术吸收能力的提高都能够使创新主体更倾向于选择积极协同创新策略；高于阈值的声誉损失才能够有效抑制搭便车行为，促进创新主体选择积极协同创新策略。

第六，基于平行发包视角，考虑营销努力和创新能力同时影响市场需求的情形，研究承包商负责提升绿色建筑技术，开发商负责营销所组成创新联合体的供应链运作系统。基于激励方式的不同，构建了三种激励决策模型，分析不同模型下创新能力和营销努力对开发商和承包商决策行为的影响。研究结果表明：技术创新效用是开发商和承包商进行创新成本分担的内在动力，营销努力效应在一定程度上促进了创新活动的发展；创新效应和营销努力效应对开发商和承包商决策和利润存在积极的影响；在创新效用和营销努力效应下，基于产品价格契约下开发商可以获得较高的利润.并论证了成本分担能够使开发商获得最优收益，同时有效地激励承包商创新。

第七，提出促进重大建设工程技术创新联合体形成及稳定的政策建议：发挥政府引导作用，完善激励与惩罚体制机制建设；构建科学全面合作伙伴选择标准体系，实现优势互补、合作共赢；建立健全知识产权保护机制，营造公平合理的合作环境；构建公正合理的利益分配制度.维护创新联合体长期稳定。

在本书出版之际，要感谢对本书做过贡献的人们。感谢中南大学的郭峰教授、王孟钧教授、王青娥教授等老师，安徽晟元工程有限公司的李贵来董事长为本研究成果提出许多有价值的意见和建议，感谢安徽财经大学硕士研究生余梦媛、余先安、王馨雨、王思涵、石帆、陈曙光等为本书部分内容撰写提供的支持和帮助。

本书错误和不足之处在所难免，恳请各位同仁和广大读者批评指正。

作　者

2023 年 8 月

目
录
Contents

上　篇
重大建设工程技术创新联合体形成路径研究

第 1 章 绪　　论

1.1　研究背景及意义

1.1.1　研究背景

21 世纪以来，科技创新对经济社会高质量发展的影响愈发突出。我国正处于由科技大国向科技强国迈进的关键时期，为了实现"从 0 到 1"原始创新与"1 到 100"应用创新的贯通融合，2020 年 10 月 29 日，党的十九届五中全会通过的《中共中央关于制定国民经济和社会发展第十四个五年规划和二〇三五年远景目标的建议》明确提出，加强创新链与产业链的对接，强化企业创新主体地位，促进各类创新要素向企业集聚，推进产学研深度融合，支持企业牵头组建创新联合体，承担国家重大科技项目。2020 年 12 月，中央经济工作会议再次强调，要发挥企业在科技创新中的主体作用，支持领军企业组建创新联合体，带动中小企业创新活动。2021 年 5 月，习近平总书记在两院院士大会和中国科协第十次全国代表大会上进一步指出组建创新联合体的重要性，强调关键是要构建起高效强大的共性技术供给体系，提高科技成果转移转化成效。2022 年，湖北、厦门、苏州等省市出台了推进创新联合体建设的政策文件，厦门市计划到 2025 年底分批组建 10 个创新联合体，苏州提出给予创新联合体最高 200 万元的资金支持。创新联合体作为"十四五"时期及面向 2035 年的重大创新举措，不仅成为中央和地方突破关键核心技术领域"卡脖子"问题的关键抓手，也是我国科技实力加速从量的积累迈向质的飞跃、从点的突破迈向系统能力提升的基本保障。

当前，我国正处于快速发展阶段，工业化、城镇化发展迅速，基础设施建设不断加大投入，工程建设取得显著成效。一大批规模庞大、工艺精湛、技术复杂的重大工程不仅对国民经济发展起到很好的促进作用，也对重大建设工程技术创新提出新的挑战。一方面，重大建设工程技术创新供给亟须增加，技术创新成果有待进一步转化与应用；另一方面，各创新主体合作创新的意愿不强、稳定性不高，严重影响技术创新成果的产出，同时也不利于技术创新效益的提高。虽然国家出台了多项政策鼓励开展技术创新活动，并且为重大建设工程技术创新提供大量资金资助，但创新质量和创新成效并不明显。因此，面对国家重大工程项目中的关键技术研发突破，亟须一股力量来承担并完成符合国家战略需要的科技攻关任务，承担创新过程中所面临的创新资源整合、研发成本投入、创新产品开发和风险化解等问题。组建产学研深度融合的重大建设工程技术创新联合体，能够有效提高建筑工程企业的技术创新能力，促进关键核心技术研发突破。创新联合体是促进我国建筑行业技术进步的重要举措，创新联合体也为建筑业高质量发展作出重要贡献。

1.1.2 研究意义

为应对西方国家对我国实施的技术封锁，解决关键核心技术"卡脖子"问题，我国需要更深层次的创新，创新联合体就是在这一国家战略背景下提出的。服务国家重大战略需求，以突破制约产业发展的前沿技术和关键核心技术为牵引，充分发挥企业在技术创新中的主体作用，实现突破式创新。重大建设工程技术创新具有显著的复杂性，参与主体众多，且涉及多个领域，单一创新主体无法满足创新需要。因此，组建重大建设工程技术创新联合体有助于促进产学研各界开展协同创新，助力实现重大建设工程技术创新特别是关键核心共性技术突破。当前我国创新联合体面临两大问题：一是形成较难；二是形成后持续运行性差。因而，研究重大建设工程技术创新联合体的形成路径和稳定性，既有学术价值，又有重要的实践指导意义。

从理论上看，单个企业很难独立完成复杂的技术创新任务，因此产生多个技术创新合作组织。产业技术创新战略联盟和研究联合体是两类常见的技术创新合作组织，且学术界对于联盟和联合体已有相关的研究，并形成了一些适用于联盟和联合体的合作创新理论。而创新联合体作为新提出的概念，与上述技术创新合作组织存在一定差异。目前国内对创新联合体的研究并不多，缺乏整体的认识，对于重大建设工程技术创新联合体如何构建和可持续运行的研究更是鲜有报道，需要进一步拓宽其研究内容和深度。从研究方法上来说，创新联合体的形成具有多重并发因果的复杂忄生，应用组态理论及方法研究重大建设工程技术创新联合体的形成更具科学性。因此，本书采用定性比较分析法（QCA）解构重大建设工程技术创新联合体形成的条件组合，探究重大建设工程技术创新联合体的形成路径；并利用演化博弈方法对重大建设工程技术创新联合体合作创新的稳定性进行分析，为重大建设工程技术创新联合体的形成、稳定运行及战略发展提供研究新思路与方法。

从现实来看，我国科技创新取得较大进步，企业在科技创新中的主体地位正不断强化。以建筑企业为主体构建重大建设工程技术创新联合体，能够有效缓解各参与主体创新能力不强的困境，促进建筑企业等主体创新能力及效率的提高，为突破产业关键核心技术、加强创新体系建设、提升产业链创新水平提供新的思路和视角。通过定性比较分析法对重大建设工程技术创新联合体的形成条件进行组态分析，探究重大建设工程技术创新联合体的形成路径，有利于加快更多创新联合体组建，形成通过创新联合体协同创新促进建筑企业技术创新能力提升的基础环境。此外，基于演化博弈理论，构建重大建设工程技术创新联合体中企业方与学研方合作创新的博弈模型，对其合作创新的稳定性进行分析，并探究收益分配、投入风险、政府激励与处罚等参数对合作创新稳定性的影响，有助于促进重大建设工程技术创新联合体稳定运营，有效发挥创新联合体的优势。

1.2　国内外研究现状

1.2.1　重大建设工程技术创新相关研究

（1）重大建设工程技术创新的驱动及激励因素。随着技术创新理论的发展，工程技术创新逐渐受到学者的关注。作为一类特殊的建筑产品，重大工程与一般工程不同，其技术创新也具有显著的复杂性，受到多种因素的驱动。万利（Manley，2006）提出，在技术创新过程中，业主发挥重要作用，并且极大影响和激励了技术创新。戴维斯等（Davies et al.，2009）则指出，在大型项目技术创新过程中，强势领导力也发挥了重要作用。吉尔等（Gil et al.，2012）发现，以营利为目的的大型项目决定开展创新工作的主要动力是其预期盈利能力。道奇森等（Dodgson et al.，2015）通过案例研究发现，制定创新战略能够有效解决重大建设工程技术创新过程中发生的问题，并且有助于整合创新资源。曾磊等（2016）采用解析结构模型和层次分析法得出，多方协同创新是影响重大建设工程技术和管理协同创新的重要因素。周和张（Zhou & Zhang，2019）指出，基于信息技术的智能技术为我国桥梁工程创新提供了新的机遇。马光洪和刘佳玮（2020）基于公平偏好理论，分析了重大工程中业主方和代理方在不同公平偏好下，公平心理对协同创新的激励影响。蔡超勋等（2021）采用演化博弈方法探究影响重大工程业主方和承包商合作创新的关键因素，并探究两方合作行为的演化过程，以期提高创新绩效。

（2）重大建设工程技术创新网络的形成与发展。随着研究的深入，有学者认为技术创新活动的本质就是企业之间的技术交易。但当这种技术交易越来越频繁时，风险也会越来越多。这种不确定性风险是阻碍企业参与技术创新的一大障碍。创新网络能够有效降低风险，研究其形成与发展有着重要的现实意义。因此，重大建设工程技术创新网络也成为重大建设工程技术创新研究中的重点问题。江恩和索尔特（Gann & Salter，2000）在研究重大建设工程技术创新时引入了复杂产品系统创新理论，提出创新管理可以在供应商、客户和监管机构组成的网络中进行。基斯特等（Keast et al.，2007）指出，在工程技术创新网络管理中非常重要的一点是对于多主体之间的关系管理。王孟钧和张镇森（2011）分析了重大建设工程技术创新网络的基本架构、形成机理和运行机制。王孟钧等（2012）随后又对重大建设工程技术创新网络的协同要素和协同机制进行研究，归纳出工程需求、资源整合等协同要素，以及合作机制、利益机制等协同机制，并且提出应加强协同机制的构建，以促进创新效率的提高。成子敬（2020）针对重大建设工程技术创新网络存在的脆弱性问题，研究正式契约和关系契约治理对其产生的影响。丰静等（2020）分析了港珠澳大桥岛隧工程的技术创新网络，提出协同治理框架模型，以期加快构建重大建设工程技术创新协同机制，促进资源整合，提升创新质量与效率。

1.2.2　技术创新合作组织相关研究

（1）战略联盟和研究联合体的内涵。国外对战略联盟和研究联合体等合作组织的研究最早追溯于 20 世纪 80 年代末。霍普兰和尼格尔（J. Hopland & R. Nigel）提出了战略联盟的概念，即战略联盟是由两个或两个以上拥有相近实力、共同目标的企业组成的一种合作模式，它们的目的是获取资源、联合开拓市场，并且会通过协议或契约的形式进行约定。关于战略联盟的定义，学术界还存在着多种解释。蒂斯（Teece，1992）指出，战略联盟是基于资源共享等战略目标所提出的两个或两个以上企业进行的合作活动，包括合作研发、联合营销等，它们相互承诺、彼此信任。莫尔和斯派克曼（Mohr & Spekman，1994）也认为战略联盟是基于特定的目标，由独立企业所建立的战略关系，企业之间高度依赖、共享利益。古拉蒂（Gulati，1998）提出，是企业的自发行为导致战略联盟的出现，形成一种社会网络，其目的也是获取利益、追求目标，并且通过彼此的约定阻止排他性企业进入。而研究联合体则是一种特殊的技术联盟，是欧美等国家为了扩大自身与其他国家技术水平上的差距所提出的一种新型合作创新组织，旨在提高本国技术竞争力。欧多弗和威利（Ordover & Willig，1985）指出，为了完成某个研究项目，一些企业会组成一个新的合作企业，也就是研究联合体。沃诺塔斯（Vonortas，1997）进一步界定了研究联合体的内涵，指出研究联合体是两个或两个以上的企业为了实现共同研发而形成的一种合作创新组织形式，同时研究联合体成员并不是一直保持合作状态，在研发阶段保持合作，但在产出阶段会进行竞争。刘婷婷（2009）也认为研究联合体是为了实现合作研发而组建的一种企业组织模式，其中包括政府、企业、高校、研究所等多个主体。

（2）战略联盟和研究联合体的形成动因及影响因素。战略联盟和研究联合体的形成动因和影响因素一直以来都是该领域学者关注的重要问题，很多国内外学者基于不同理论对此展开研究。基于交易成本理论，张玉臣和王芳杰（2019）指出企业组建研究联合体进行合作研发是为了降低生产成本，寻求交易成本最小化。阿尔斯兰等（Arslan et al.，2020）认为企业之间建立战略联盟是为了提高其在市场上的竞争力，并且交易成本过高将会导致合作失去吸引力。基于资源基础与资源依赖理论，宋波等（2012）提出企业战略联盟形成的关键动因是资源的非对称性。崔（Choi，2016）认为企业组建产业联盟最主要的原因是获取合作伙伴的资源，实现资源互补。基于价值链理论视角，杨磊（2022）认为小微企业组建横向联盟是为了提升市场竞争力，并更好地实现相互学习。除了上述提到的成本、资源、企业不对称性等因素对战略联盟和研究联合体的形成产生的影响外，还有很多因素也发挥了关键作用。张敬文等（2016）提出，企业文化背景、技术资源、合作意愿等会影响联盟合作伙伴选择，进而影响联盟的组建及稳定运行。高长元等（2021）发现，邻近因素会对跨界联盟形成产生重要影响，包括地理邻近、组织关系邻近以及技术邻近等。李维维等（2021）则强调政府通过采取财政补贴和税收优惠等政策为企业开展合作创新、组建战略联盟提供有力支撑。

（3）战略联盟及研究联合体稳定性研究。作为一个合作组织，其形成后能否保持稳定合作是关键。海默特等（Hemmert et al.，2014）强调维护联盟的稳定，其中非常重要的一个因素就是信任。如果联盟成员不再相互信任，那么就有可能违背契约或承诺，进而使得联盟瓦解。奥斯龙等（Ahlstrom et al.，2014）指出，资源是产业技术创新联盟选择合作伙伴的关键，同时资源越互补，联盟的稳定性也越高。戈什等（Ghosh et al.，2016）认为，联盟不稳定有可能是因为内部企业成员默契度不高。不同企业完成同一个项目时，由于自身专业知识、技术水平上的差异，再加上缺乏经常性的沟通，就会导致默契度不够，甚至会带来冲突，造成联盟的不稳定。劳和斯平勒（Rau & Spinler，2017）研究航运业战略联盟的稳定性时发现，竞争程度、复杂性成本及运价波动都会影响联盟的稳定。赵等（Zhao et al.，2019）从多个方面探讨影响联盟稳定性的因素，包括文化差异、激励机制、创新绩效、利益分配、信任等。李玥（2019）也指出，产业技术创新战略联盟中的伙伴选择和利益分配对于战略联盟的稳定性具有较大的影响。解学梅和王宏伟（2020）基于联盟合作机制视角，构建联盟稳定性影响机制模型，通过多案例研究探索联盟的稳定性。代天卉（2021）基于演化博弈方法对 EPC 联合体合作创新稳定性进行研究，提出调整利益分配方案、培养联合体文化、建立监管机制、构建信息沟通平台等多种促进联合体稳定的建议。王后庆等（2022）通过实证研究发现，契约治理、规范治理以及网络结构嵌入强度对于联合体稳定性具有显著影响。

1.2.3　创新联合体相关研究

与较早提出的战略联盟、研究联合体、产业技术创新联盟等技术创新合作组织相比，创新联合体是更深层次、更有针对性、更高效率的产学研深度融合组织，其差异性、互补性、进步性明显。虽然作为政策术语提出的时间不长，但已经有较多学者认识到创新联合体的重要性，对其展开多项研究，主要集中在概念内涵、动力机制、运行机制、建设路径等方面。白京羽等（2020）提出，创新联合体是由行业内一家或几家领军企业牵头，联合其他企业、高校、科研院所等，共同出资成立实体机构或者研发实体平台，研发成果以契约或合同形式购买或共享的一种组织形式。张赤东和彭晓艺（2021）通过对比产业技术创新战略联盟、研究联合体与创新联合体的相同点和不同点，明晰了创新联合体的概念与政策内涵。吴晓波等（2021）研究了芯片行业的"创新联合体"，发现创新联合体是由设计公司、制造厂商及终端企业共同投资，成立合资企业以提供高效、高质产品，并在此过程中实现资源共享、风险共担。何得雨等（2021）基于演化博弈方法研究绿色技术创新联合体的稳定性，发现惩罚与补贴、超额收益等对创新联合体的稳定性具有较大影响。高茜滢等（2022）对创新联合体形成过程中的部分问题提出了有效建议，包括创新联合体主体的职能、利益分配机制的构建等。张羽飞等（2022）研究共建产学研创新联合体对创新绩效的影响，通过实证发现共建产学研创新联合体能够提高创新绩效，并且社会信任水平及政府资金支持均强化了二者的正向关系。郭菊娥等（2022）基于资源互补、价值共创等理论，探究企业构建创新联合体的机理与路径。钱强等（2022）基于实际案例提出，高校在产业技术创新战略联盟向创新联合体演变过程中发挥了关键作用，因此探究研究型大学驱动创新联合体发展机理，以期促进校企合作创新、共同发展。操友根等（2023）对企业牵头创新联合体合作网络展开研究，剖析合作网络结构的演化特征。

1.3　研究方法和主要创新点

1.3.1　研究方法

本书综合采用文献分析与专家访谈法、问卷调查和统计分析法、定性比较分析法、演化博弈法以及仿真模拟法等研究方法，对重大建设工程技术创新联合体的形成路径和稳定运行进行深入研究。

（1）文献分析与专家访谈法。通过对重大建设工程技术创新、技术创新合作组织、创新联合体等相关文献的检索和梳理，归纳现有研究成果。基于现有文献识别重大建设工程技术创新联合体形成的关键影响因素，再邀请专家对上述识别的重大建设工程技术创新联合体形成的关键影响因素进行评估，最终确定重大建设工程技术创新联合体形成的关键影响因素。

（2）问卷调查和统计分析法。对重大建设工程技术创新联合体形成路径进行实证分析时，主要采用问卷调查的方法回收实证研究中所需要的数据。以参与过重大建设工程技术创新联合体或者重大工程技术研发合作项目的企业、高校、科研院所等人员为调研对象，设计问卷并收集数据。数据收集完成后，采用 SPSS26.0 软件和 AMOS26.0 软件进行问卷信效度分析。

（3）定性比较分析法。定性比较分析法融合了定性研究与定量研究的优势，是一种组态分析方法，主要用来分析变量间的非对称多重并发因果关系，能够探索引致特定结果发生的各种共同起作用的条件组合。本书采用模糊集定性比较分析法，通过案例及条件选取、变量校准、单个前因变量的必要性分析和前因变量组合的充分性分析，解构驱动重大建设工程技术创新联合体形成的前因条件组合，探究重大建设工程技术创新联合体的形成路径。

（4）演化博弈法。基于有限理性假设，构建重大建设工程技术创新联合体中建筑企业与学研机构合作创新演化博弈模型，求解模型并对演化稳定性结果进行具体分析，包括演化稳定策略分析和影响稳定性的参数分析。

（5）仿真模拟法。采用 Matlab 软件进行仿真模拟，对演化博弈模型中的参数进行赋值，并通过改变参数值得到不同的仿真结果，探讨参数对重大建设工程技术创新联合体成员策略选择的作用机制。

1.3.2 主要创新点

（1）以往研究多集中于战略联盟和研究联合体这两类主要的技术创新合作组织，对于创新联合体这一新型举国体制的研究较少并且也不够深入。以国家战略需求为导向，以突破关键核心技术为目标的重大建设工程技术创新联合体相较于一般技术创新合作组织来说，形式内容上有交叉重叠，但也存在很大不同，而还未有研究对重大建设工程技术创新联合体的形成展开研究。与此同时，技术创新合作组织在形成后还面临高度的不稳定性，许多组织在成立不久后就中断甚至解体，无法获得长远发展。因此，在对重大建设工程技术创新联合体如何形成展开研究后，进一步采用演化博弈方法探究其形成后的合作创新稳定性问题，使研究更加深入。

（2）在现有的研究成果中，或采用定性的理论模型或案例分析，或采用 logistic 回归或结构方程模型探究影响产学研合作形成的因素以及这些因素带来的影响作用。本书认为，重大建设工程技术创新联合体的形成往往不是某一个条件或因素促成的，而是多种条件或因素的组合促成，具有多重并发因果的复杂性，更适合采用组态理论与方法（定性比较分析法）进行研究。因此，采用模糊集定性比较分析法对重大建设工程技术创新联合体的形成路径展开研究。

第 2 章　相关概念及理论基础

2.1　相关概念

2.1.1　重大建设工程技术创新

重大工程是指投资规模大、实施周期长、技术异常复杂，对政治、经济、社会造成深远影响的大型公共工程，例如三峡工程、港珠澳大桥、川藏铁路、京沪高铁等。重大建设工程技术创新是指以重大工程为载体，各类技术创新主体围绕重大工程需求展开的技术创新活动，是技术创新成果的集成过程。重大工程需求引领着技术创新，而重大工程本身的复杂性也会导致其技术创新面临较高的复杂性。因此，采用已有技术方法或者对现有技术方法进行简单改良无法满足重大建设工程技术创新需求，需要整合政府、企业、高校、科研院所等资源和力量共同完成重大建设工程技术创新活动，实现重大建设工程技术创新。

重大建设工程技术创新与一般工程技术创新相比具有特殊性，主要体现在时间约束性、过程复杂性以及组织协同性。

（1）时间约束性。重大建设工程技术创新以重大工程为载体，而重大工程建设存在时间的约束，其迫切的运营规划也促使重大工程尽快完工。因此，重大建设工程技术创新会受到工程起止时间的影响，具有显著的时间约束性。

（2）过程复杂性。重大建设工程技术创新是一个复杂过程，多主体参与，并且分阶段完成。重大建设工程技术创新的各个阶段创新内容不同，不同阶段由不同的参与主体承担，各个主体在重大建设工程技术创新过程中的时间周期并不相同，作用也不相同。

（3）组织协同性。重大工程建设过程中面临诸多技术难题，且通常技术较为复杂。虽然参与主体众多，但单一主体很难依靠自身力量实现技术创新突破，需要通过组织协同共同攻克技术难关，实现重大建设工程技术创新目标。

2.1.2　创新联合体

创新联合体是以国家重大战略需求为牵引，以承担符合国家战略需求的研发任务为主导，促进供应链上下游紧密协同、创新链产业链精准对接、基础研究与应用研究深度融合，彼此缔结成为政府政策引领、领军企业牵头，高校、科研院所支撑，其他企业广泛参与的联合体。因此，不同于之前基于产学研协同创新的产业技术创新联盟，以及完全由企业主导、以拉大与其他国家技术差距为目的的研究联合体，创新联合体以国家战略需求为导向，政府为引导，创新领军企业牵头，联合创新链产业链上其他企业、高校、科研院所等，共同出资，以实现关键核心技术突破为目标，形成资源共用、利益共享、风险共担、互利共赢的合作机制。

因此，将重大建设工程技术创新联合体定义为：在政府鼓励下，建筑行业内一家或几家领军企业牵头，并主动联合其他企业、高等院校、科研院所等，共同出资，成立实体机构或者研发实体平台，共同完成国家重大工程项目中的科技攻关任务的一种创新组织形式。重大建设工程创新联合体内各成员共同参与、资源共用、利益共享、风险共担，研发成果以契约或合同形式购买或共享。其领军企业是重大建设工程技术创新联合体的核心主体，创新链、产业链上的中小企业和学研机构是其他重要主体，政府作为引领者，通过给予创新联合体协同创新奖励与违约行为惩罚促进创新联合体之间的稳定。

2.2　理论基础

2.2.1　组态理论

早在社会科学的类型学研究中，组态观念就有所体现。但在管理学领域，较早提出组态研究视角的是米勒（Miller），他在研究战略管理时提出，战略和结构的关系不应该用传统二元或多元线性研究思路，这样不符合战略实际，应该用组态研究视角和方法来分析二者的组态关系。目前，在管理学研究中普遍存在"通用视角""权变视角"和"组态视角"三种研究理论与视角。通用视角研究的是自变量与因变量之间简单的线性关系；而权变视角研究则认为是自变量的交互效应影响结果变量，也就是说其他变量，例如中介变量、调节变量等会对自变量与因变量的关系产生影响，因此自变量和因变量之间不是简单的线性关系。组态视角则更为复杂，它强调事物因果关系的复杂性，研究的是要素组合对结果变量的影响。组态视角采用的是整体分析，强调的是构成整体的组成部分的意义在于整体，也就是说各部分的交互关系决定了整体，不能孤立地研究某一部分。这与权变视角采用的还原分析不同，权变视角认为复杂的对象是由若干个简单的对象所构成，可以通过分析这些简单对象来认识复杂对象的行为。在研究方法上二者也不相同，权变视角主要是在通用视角线性方法的基础上引入交互项来分析主效应在不同情形下强度及方向所发生的变化，并且要求自变量间不能高度相关，因此无法分析自变量间的相互作用。而组态视角主要采用布尔代数和集合分析的方法，例如定性比较分析法等，假定前因变量间的关系是相互依赖共同对结果变量产生作用，并且具有多个等效路径，由此来探究前因变量组合的"化学反应"。

"组态"将整体看作是一系列相互联系的要素的构成。在组态理论中，"要素"并不是关注的重点，在不同环境中"要素"如何相互联系、组合在一起才是关键。组态理论强调因果关系的复杂性，认为因果具有并发性、非对称性、多重等效性等特征。即某一事物的产生不是单个原因条件所导致的，也不是多个原因条件独立作用的结果，而是多个原因条件相互组合、共同作用的产物。且导致某一事物产生的原因条件组合不是唯一的，存在多种组合，具有"殊途同归"的特征。而非对称性则是指导致结果出现或不出现的原因是非对称的，不能根据已经得到的结果进行反推，需要分别分析。在当前的管理学研究中已经有较多学者采用组态理论和方法开展大量研究，也取得了较多成果，组态理论日趋成熟。组态理论及方法也为本书研究重大建设工程技术创新联合体形成路径奠定良好的理论基础。

2.2.2　合作创新理论

20 世纪 70 年代中后期，合作创新作为一种新型技术创新组织形式在发达国家迅速崛起。合作创新的本质是企业与其他企业、高校、科研院所等建立合作关系，实现联合创新，并且在这期间风险共担、成果共享。一般表现形式是以共同利益为前提，各创新主体保持独立的同时进行合作，确立合作目标、方式及规则，实现资源共享、优势互补。目前，合作创新理论主要有两种研究视角，分别是产业组织理论视角和管理学视角。产业组织理论视角重点关注相互竞争的企业为什么开展合作研发与合作创新，即研究诱使其合作创新的因素以及开展合作创新后会产生哪些福利效应，并且研究福利效应，例如溢出效应与合作创新的关系。换言之，基于产业组织理论视角研究的是企业为什么会进行合作研发或者合作创新，并且怎么做，以及最后的结果是什么。产业组织理论认为企业参与合作研发或者合作创新的主要动力是合作过程中的向内溢出效应。通过大量实证发现，向内溢出水平高于某一临界水平时，合作创新的利润会增加。而管理学视角大多是从资源和交易成本分析合作创新，认为企业进行研发合作和合作创新最主要的目的是想降低成本，以及获取合作伙伴的资源。交易成本理论认为相较于市场交易，具备互补资源的企业开展合作创新活动能够使交易转为内部，通过互惠关系降低交易成本；而资源观认为企业进行合作创新是想要利用合作伙伴的资源，与自身现有资源进行互补，完成依靠自身无法实现的技术创新与突破，最大化企业价值。

2.2.3　演化博弈理论

演化博弈理论源于提出"物竞天择，适者生存"的生物进化论。传统博弈论要求参与人"完全理性"并且处于完全信息条件下；而演化博弈理论则基于"有限理性"假设，也不要求完全信息，认为参与主体在博弈过程中无法一开始就做出完美的决策，而是在演化过程中通过不断地学习、模仿，调整自身战略，最终达到一个稳定的均衡状态。并且在一般情况下，博弈的演化结果会受到博弈初始状态的影响。目前，演化博弈理论已经广泛地用于经济学、社会学、管理学等多个领域，学术界也通过演化博弈理论来解决问题、开展研究。演化博弈理论成为一项重要的研究方法和分析工具。演化博弈理论有两大重要因素，即演化稳定策略和复制动态。演化稳定策略是指博弈方在开始的博弈过程中基于有限理性无法做出最优策略，在之后的博弈过程中会通过不断地学习、模仿和改进，最终趋于某一稳定策略。复制动态是指博弈方在参考、学习其他博弈方的行为策略之后改变自己的行为策略，选择更有利策略的过程可理解为主体为达到稳定状态采取某种特定策略的频数或频度的动态微分方程。通过复制动态方程能够得到多个稳定点或平衡点，为进一步探究群体策略的稳定性，可以通过微分方程的稳定性定理以及雅克比矩阵的稳定性分析进行群体动态描述。

第3章 重大建设工程技术创新联合体形成的关键影响因素识别与理论模型构建

重大建设工程技术创新联合体的形成需要多方面的共同努力，为达到高形成成效目标，明确影响其形成的关键因素至关重要。本章基于文献分析法和专家访谈法确定重大建设工程技术创新联合体形成的关键影响因素，并根据已有研究基础和定性比较分析法原理，构建多因素协同驱动重大建设工程技术创新联合体形成的理论模型。

3.1 重大建设工程技术创新联合体形成的关键影响因素识别

3.1.1 基于文献分析法识别重大建设工程技术创新联合体形成的关键影响因素

采用文献分析法对重大建设工程技术创新联合体形成的关键影响因素进行梳理与汇总，如表3-1所示。

表3-1　重大建设工程技术创新联合体形成的影响因素梳理汇总

序号	影响因素	作者及文献来源
1	市场需求、价值共创、利益共享	郭菊娥等（2022）
2	创新型领军企业	李晋章等（2022）
3	地理、认知、社会、组织、制度邻近	曹霞等（2022）
4	领军企业牵头、任务驱动、市场驱动、政策支持	徐海龙等（2022）

序号	影响因素	作者及文献来源
5	组织间契约治理、多团队协作治理	丰静等（2020）
6	地理邻近性、社会邻近性、技术邻近性	胡杨（2022）
7	共享态势感知、团队间接近性、边界管理者、集体效能感等	房敬慧（2021）
8	主体属性（动机、能力）、主体间的邻近性（认知、技术、地理、社会关系邻近性）、环境（市场、法律、政府行为、区域经济基础）	程红莉（2020）
9	行业需求、利益获取、资源共享、目标驱动	叶卫正（2018）
10	企业技术创新因素（R&D强度、创新绩效、创新信息来源）、结构因素（企业规模、所有权结构）、环境因素（政府税收优惠）	姚潇颖等（2017）
11	市场、知识、技术、利益、政府政策	Blind等（2016）
12	研发能力、政府资助	Lin等（2016）
13	技术冲击	Schilling（2015）
14	资源非对称性	宋波等（2012）
15	工程需求、资源整合、组织协同、制度保障	王孟钧等（2012）
16	经济、市场、技术、政策、资源、学习、协同等因素	谢晶欣（2008）

3.1.2 基于专家访谈法确定重大建设工程技术创新联合体形成的关键影响因素

基于文献分析法识别的重大建设工程技术创新联合体形成的关键影响因素较为笼统，为更深入地确定重大建设工程技术创新联合体形成的关键影响因素，本书邀请了参与过重大建设工程技术创新联合体或参与过重大工程技术合作研发项目的 15 位专家学者进行访谈，所选的专家学者均拥有丰富的实践与科研经验，由他们对上述识别的重大建设工程技术创新联合体形成的关键影响因素进行评估，最终确定重大建设工程技术创新联合体形成的关键影响因素，如表 3-2 所示。

表 3-2　　重大建设工程技术创新联合体形成的关键影响因素确定

序号	关键影响因素	详细说明
1	市场需求	国家重大战略需求及关键核心技术攻关需求、重大工程实际建设需求、技术创新产品产业化需求
2	政府支持	政府政策对创新联合体的倾斜，包括财政补贴、税收优惠等政策

续表

序号	关键影响因素	详细说明
3	创新领导者	具有较强的引领协调能力，能够明确技术创新方向、整合创新资源、调节成员关系、提升创新效率
4	主体邻近性	地理邻近、组织关系邻近以及技术邻近
5	异质资源需求	对技术、知识、人才、声誉、平台等异质资源的需求

3.2　重大建设工程技术创新联合体形成的关键影响因素分析

3.2.1　外部层面影响因素

（1）市场需求。市场需求是影响创新联合体形成的关键因素。当现有的技术和产品无法满足市场需求时，企业就会通过升级、创新等手段对已有的技术和产品进行改进，以增强企业的市场竞争力，并获得较大的商业利益。然而当企业由于自身资源不足或能力有限无法独立完成技术创新与产品升级时，便会与其他企业、科研机构等形成合作联盟或创新联合体，基于互补资源，围绕技术和产品需求共同开展技术创新活动。对于龙头企业来说，开展技术创新活动不仅是考虑用户需求，更重要的是响应国家战略需求，考虑对于经济社会发展产生的影响。目前，前沿技术给产业带来了极大的冲击，我国关键核心技术"卡脖子"问题亟待解决，技术创新势在必行。企业作为产业核心技术主要供给方，更应该发挥其核心作用。目前非常重要的一项举措就是鼓励企业联合产业链其他企业、高校、科研院所等，组建创新联合体，以关键核心技术需求为导向，开展基础性研究，实现技术创新与突破，并促进技术成果的转化与应用。由于重大工程自身的特殊性，不仅受到项目建设时间的约束，而且还因为其高度的复杂性，面临较多技术难题。这种时间紧、任务重的实际工程需求也对技术创新突破提出了新的要求，关键核心技术亟须研发突破。然而单个创新主体难以独自承担，现有的合作组织也无法有效应对，因此，驱动产学研深度融合的重大建设工程技术创新联合体形成，通过结合各方资源，开展技术创新工作，实现关键核心技术创新突破。

（2）政府支持。依赖市场自发力量组建创新联合体并不现实。创新本身就意味着高风险，面临投入巨大但失败的风险，而重大工程的技术更为复杂，难点更多，创新过程中极容易失败，并且这种失败的后果也不是单一企业或者某一高校、科研院所等所能够承担得起的。除此以外，重大建设工程技术创新的投资规模大，其投资回收期也很长，仅凭企业投资远远不够，政府的支持更为关键。发挥"有为"政府作用，采取政策手段鼓励企业、高校和科研院所等组成重大建设工程技术创新联合体共同开展研发工作，实现技术创新突破。通常政府驱动重大建设工程技术创新联合体的形成主要体现在两个方面。在投入方面，通过制定政策促进重大建设工程技术创新联合体的形成及有效运营。例如，政府通过制定财政资助政策以及信贷税收政策鼓励重大建设工程技术创新联合体组建；通过制定人才引进政策引入重大建设工程技术创新联合体所需的人才，更好地为研发工作提供智力支撑；做好在关键核心技术研发突破过程中的政策对接，更好地提供服务等。在产出方面，发挥政府的裁判员身份，对合作创新过程中的利益分配进行协调，提高各创新主体的积极性。例如，基于知识产权保护制度建立合理的利益分配制度以及成果共享制度等，维护重大建设工程技术创新联合体各创新主体的切身利益；加强对于公共信息平台的建设，减少由于信息不对称所带来的风险和损失，并且促进科技成果的有效转化。

3.2.2　内部层面影响因素

（1）创新领导者。企业是创新联合体的重要主体，而领军企业则是关键。重大工程面临非常多的技术难题，单一主体无法独立解决，也无法承担重大建设工程技术创新过程中的全部工作，需要有多个创新主体参与到技术创新工作中。然而成员的增多就会导致资源配置分散，无法有效地利用资源，并且也会出现投机行为，损害创新效益。因此，创新领导者的引领协调优势便显现出来。与高校和科研院所相比，创新领军企业或龙头企业在参与市场竞争时更容易发现产业技术创新的方向，并且其自身就具有强烈的自主创新诉求，具备较强的研发能力和风险抵御能力，由它们牵头组建重大建设工程技术创新联合体能够以需求为牵引，有效整合建筑产业链上下游成员的创新资源，共同完成关键核心技术创新突破，提高技术创新能力。目前有研究表明，在创新联合体的组建时期，领军企业或龙头企业能够根据创新目标选择不同的成员加入创新联合体，促进资源配置的最优化，并且加强创新联合体成员间的资源交换与增值，从而更快达成创新目标；同时通过建立有效的合作模式来促进创新联合体成员的沟通、交流与合作，缓解异质性企业所存在的沟通和交流的不便，实现合作进程及效率的大幅度提高；建立信息共享机制来实现信息的共享、革新与传递，促进知识的交流与碰撞，方便创新联合体成员对于资源及信息的获取。

（2）主体邻近性。主体邻近性（地理邻近性、组织关系邻近性和技术邻近性）是影响合作创新的主要因素。低成本且便捷的沟通能够加速各创新主体建立信任关系，促使创新联合体形成并取得较好的创新绩效。目前大多数研究认为，为了提高交流效率、减少沟通成本，各创新主体在开展技术创新合作时更倾向寻找毗邻的对象。也就是说，当城市地理位置越接近时，技术创新合作更容易发生，技术创新联合体形成的概率越高。并且，这种地理邻近性使合作企业的信息更容易被收集，从而减少信息不对称带来的风险，也更方便选择合适的创新联合体成员；同时也能够促进企业便捷地沟通交流，促进知识的传递和人才的流动。纵观现有的创新联合体，依据各省优势资源组建本省特色创新联合体居多，并且大多要求创新联合体中省内企业不少于一半，也从侧面反映地理邻近对组建创新联合体的重要性。而通过资本关联或组织间的良好互动形成的组织关系邻近则意味着合作双方彼此信任，不会因为地理距离过大或者交流过少而产生隔阂，合作风险较小。研究发现，许多合作联盟最初都是由具备"亲缘关系"的组织构成，通过资本关联，加快形成社会互动关系，促进组织间协同创新。并且在创新联合体形成初期，契约并不完备，组织关系邻近能够加快创新联合体成员的选择，基于共同创新目标建立协同关系。技术邻近性是指各组织间具备相似的技术知识结构，而这也恰恰是组织间进行知识交流与交换的必要条件。在合作创新过程中，各创新主体更倾向于寻找与自身知识、技术水平相近的组织建立合作关系。因此，在创新联合体成员选择时技术邻近是一项重要考虑因素。技术相近的组织拥有相似专业背景和知识的员工，使得沟通和交流更容易，能够更快速地理解专业知识与新领域的新知识，协同创新效果也更好。

（3）异质资源需求。资源依赖理论认为合作关系建立的根本原因是对异质资源的需求。企业拥有的资源不同，并且这些资源无法完全自由流动，像品牌价值、企业声誉等资源更无法通过定价的形式在市场上交易，但这些资源反而能够使企业获得长久的竞争优势。与此同时，企业的目标会随着发展而逐渐改变，企业不可能拥有所需的全部资源。因此，为了获取异质资源，实现企业目标，企业会与拥有这些资源的企业、机构、组织等进行合作，结成联盟或者联合体，最终导致合作联盟或创新联合体的形成。重大建设工程技术创新联合体主要由企业、高校、科研院所等组成，创新联合体内各成员的需求不同，因此加入动机也不同，但主要还是对资源的需求。对于企业来说，当企业自身的资源并不能够满足研发需要或者在进行技术创新突破时遭遇瓶颈，这种困境会促使其寻找拥有异质资源，并能够共同开展合作创新的合作伙伴。其次，企业对于人才的需求也促使其加入创新联合体，获取创新联合体中高校、科研院所等其他成员培养的优秀人才，提高企业核心竞争力。此外，企业加入创新联合体还想借助高校、科研院所的名声来提高自身的社会名望与声誉。对于高校和科研院所来说，企业能够提供科技成果产业化的平台，满足自身对于成果产业化的需求。此外，企业能够为高校和科研院所提供项目研发经费及研发平台，充分发挥其研发能力，促进科研的良好进展。知识资源也是促进创新联合体形成的重要动因。创新联合体各成员一方面希望获取他人知识以丰富自身知识，提高自身技术水平，获得竞争优势；另一方面也希望能够通过合作创造出新知识，在合作中获益。

3.3　理论模型构建

重大建设工程技术创新联合体的形成是一个复杂过程，受到多种因素的影响，并且这些因素相互依赖，共同发挥作用。因此，应该从整体视角探索这些因素与重大建设工程技术创新联合体形成之间的复杂因果关系。目前，较为常见的回归分析主要研究单个变量的净效应，虽然也能对变量间的交互作用进行探究，但变量过多便使得结果复杂难以解释。定性比较分析法基于组态视角，能够识别导致结果变量发生的前因变量组合，并且该组合（也称组态或路径）是多样的，旨在探究多个前因变量间的组合效应对结果产生的影响，弥补上述缺陷以更好地解释其因果关系，也更符合实际。基于此，本书研究内部因素与外部因素如何匹配和联动以促进重大建设工程技术创新联合体形成，以市场需求、政府支持、创新领导者、主体邻近性及异质资源需求 5 个变量为前因变量，以重大建设工程技术创新联合体是否实现高形成成效为结果变量，构建多因素协同驱动重大建设工程技术创新联合体形成的理论模型，如图 3 - 1 所示。

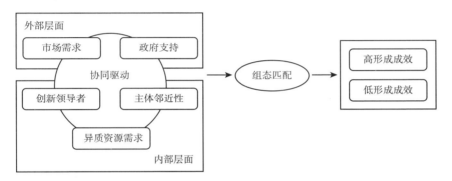

图 3 - 1　多因素协同驱动重大建设工程技术创新联合体形成的理论模型

第4章 基于定性比较分析法的重大建设工程技术创新联合体形成路径探索

4.1 研究方法

4.1.1 定性比较分析方法

定性比较分析法（qualitative comparative analysis，QCA）最早由社会学家查尔斯·拉金（Charles Ragin）提出，是一种以案例为导向、基于集合论和布尔代数的组态分析方法，整合了定性研究与定量研究的优势。传统定性研究强调研究对象的典型性，并且在研究过程中具有较强的主观性，使得研究结论难以复制。而定量研究，如回归分析，则重点关注解释变量对被解释变量的"净效应"，虽然也能够通过纳入交互项的方式研究变量间的交互作用，但变量过多时则难以厘清其间关系。并且定量研究是基于对称性因果关系的隐含假设，难以解释复杂社会现象的非对称因果关系。QCA 认为复杂社会现象背后存在着多重并发因果关系，即某结果变量是由多个条件变量同时存在及多种组合所导致。因此，基于组态理论，从整体视角关注复杂社会现象产生的前因条件，以及这些前因条件如何通过组合导致结果的发生。QCA 能够识别导致特定结果产生的前因条件组态。并且相对其他实证方法，QCA 擅长解决以并发性、等效性、非对称性为特征的复杂因果问题。并发性指条件之间相互依赖，共同对结果产生作用；等效性指导致某一结果产生的路径是多样的，不存在唯一最佳路径，也就是"殊途同归"；非对称性指某一结果出现或不出现的原因是不一致的，需要对结果出现或不出现的原因进行分别分析。该方法的优势在于对中小样本的处理，但同样也适用于大样本。

4.1.2　模糊集定性比较分析方法的选取

本书采用模糊集定性比较分析方法（fsQCA）来解释市场需求、政府支持、创新领导者、主体邻近性、异质资源需求这 5 个前因变量之间的联动效应，探讨重大建设工程技术创新联合体的形成机制，其主要原因是：

（1）与传统回归分析方法相比，fsQCA 能够从整体视角探究导致结果变量产生的前因条件，以及这些前因条件如何通过组合导致结果的发生。本书选用市场需求、政府支持、创新领导者、主体邻近性、异质资源需求 5 个前因变量，它们相互依赖，且具有复杂的非线性关系，共同对重大建设工程技术创新联合体的形成产生作用。fsQCA 能够对前因变量间的并发性、组态等效性作出合理解释。

（2）fsQCA 有助于处理因果的不对称性，使得研究结果更加具有说服力。聚类分析和因子分析也可以检验组态关系，但它们与 QCA 相比只能处理完全对称关系；fsQCA 能够对因果非对称性作出合理解释。

（3）fsQCA 是清晰集（csQCA）和多值集（mvQCA）的延伸，可以在［0］到［1］之间连续取值，能够更加细致地发现前因条件在不同程度或水平的变化所带来的细微影响，因此更加精确和严格。本书所选取的条件变量存在一定差异，但无绝对质的区别，因此，采用模糊集 fsQCA 的划分方法更适合。

（4）fsQCA 的优势在于对中小样本的处理，不需要传统回归分析所需要的大样本。因此获得的 79 份样本数据能够保证分析结果具有较高的效度。

4.2　问卷设计与数据来源

4.2.1　问卷设计

通过问卷收集数据，为确保测量的信效度，借鉴相关研究已有成熟量表，并依据自身研究内容进行适当修改，确定最终问卷。问卷包含两部分内容：第一部分是个人基本信息，主要包括调查人员的性别、年龄、学历、工作年限、工作单位、职务及职称等；第二部分是各前因变量和结果变量量表测量。除第一部分个人基本信息的测量外，对于变量的测量均采用 Likert 5 级量表（1 表示完全不符合，2 表示比较不符合，3 表示一般，4 表示比较符合，5 表示完全符合）。变量测量具体如下：

（1）市场需求。市场需求的测量借鉴陈丹丹（2019）设计的量表，从外部环境需求和企业需求两个方面进行测量，一共 4 个题项，如表 4-1 所示。

表 4-1　　　　　　　　　　　市场需求测量

变量	测量题项
市场需求	响应国家重大工程战略需求
	西方国家对中国实行技术封锁，关键核心技术"卡脖子"问题突出
	建筑企业技术创新投入动力不足，技术创新能力提升遭遇技术瓶颈
	单个主体无法承担重大建设工程技术创新任务，现有的合作组织形式也难以解决问题

（2）政府支持。政府支持的测量借鉴布塞尼茨等（Busenitz et al.，2000）和马诺洛娃等（Manolova et al.，2008）设计的量表，从政策规制和规范两个方面进行测量，一共 5 个题项，如表 4-2 所示。

表 4-2　　　　　　　　　　　政府支持测量

变量	测量题项
政府支持	制定并完善与创新联合体相关的法律法规和政策
	加大对创新联合体的专项资金投入，放宽贷款，降低贷款利率
	出台人才引进政策，完善知识产权和科技成果转让制度
	为创新联合体提供启动资金及场地支持
	对创新联合体申报的项目给予优先选择等支持

（3）创新领导者。创新领导者的测量借鉴巫景飞（2005）、郑子龙（2018）等设计的量表，从创新需求、自身能力以及合作意愿三个方面进行测量，一共 4 个题项，如表 4-3 所示。

表 4-3   创新领导者测量

变量	测量题项
创新领导者	强烈的原始创新和自主创新诉求，普适性的技术需求
	资本雄厚，研发能力与抗风险能力较强，能为创新联合体投入大量资金和资源
	选择适合的合作伙伴，整合各方资源，协调利益分配
	致力于降低创新成本与风险

（4）主体邻近性。对主体邻近性的测量借鉴张冬丽（2015）和路玉莹（2022）设计的量表，从地理邻近、组织关系邻近以及技术邻近三个方面进行测量，一共 5 个题项，如表 4-4 所示。

表 4-4   主体邻近性测量

变量	测量题项
主体邻近性	具有共同愿景、目标和利益
	地理位置较接近
	存在以往合作经历
	具有亲缘关系或隶属关系
	技术研发人员水平相近，相关专利拥有率较接近

（5）异质资源需求。异质资源需求的测量借鉴哈旦根（Harrigan，1988）和维克伦德和谢博德（Wiklund & Shepherd，2008）等设计的量表，从知识与技术、人才、商业化三个方面进行测量，一共 5 个题项，如表 4-5 所示。

表 4-5   资源异质性测量

变量	测量题项
异质资源需求	实现技术优势互补
	共享或共同引进优秀人才
	提高社会名望和声誉
	促进科技成果产业化
	促进异质资源获取及共享，创造新知识

（6）重大建设工程技术创新联合体形成成效。重大建设工程技术创新联合体形成成效的测量借鉴格莱斯特和巴克利（Glaister & Buckley，1998）和孙中国（2009）设计的量表，从形成质量和形成效率两个方面进行测量，一共

4 个题项，如表 4 – 6 所示。

表 4 – 6　　　　重大建设工程技术创新联合体形成成效测量

变量	测量题项
重大建设工程技术创新联合体形成成效	成功组建并保持较好的稳定性
	很好地实现既定目标，人、财、物等资源达到预期使用效果
	建立了规范化体系制度，获得多个奖项、申请多个专利发明
	成员认为合作是有价值的，愿意继续进行合作

4.2.2　数据收集与样本描述

本书以参与过重大建设工程技术创新联合体的人员为主要调研对象，除此之外，还将调查范围扩大至参与过重大工程技术合作研发项目的企业、高校、科研院所等人员。原因在于目前重大建设工程技术创新联合体数量较少，且成立时间短，单纯对其进行问卷调研难度太大；而重大工程建设过程中开展的技术合作研发项目核心是促进技术创新、解决工程实际问题，其核心目的及运行中的问题、难题等与重大建设工程技术创新联合体类似。通过问卷星平台发放调查问卷，共回收问卷 96 份。剔除作答不认真、内容不完整、选项大量重复、明显存在问题的 17 份无效问卷，最后共回收 79 份有效问卷，有效回收率达 82.3%。根据最终的调查样本数据，对答卷人的性别、年龄、学历、工作年限、工作单位、职位、职称等基本信息进行了统计，统计结果如表 4 – 7 所示。

表 4 – 7　　　　　　　　样本统计特征分析

统计变量	类别	人数（人）	占比（%）
性别	男	54	68.4
	女	25	31.6
年龄	20～30 岁	19	24.1
	30～40 岁	33	41.8
	40～50 岁	17	21.5
	50 岁以上	10	12.6

续表

统计变量	类别	人数（人）	占比（%）
学历	高中及以下	0	0
	大专	4	5.1
	本科	38	48.1
	硕士及以上	37	46.8
工作年限	5 年以下	21	26.6
	6～10 年	22	27.8
	11～15 年	12	15.2
	16～20 年	11	13.9
	20 年以上	13	16.5
工作单位	政府部门	7	8.9
	企业	38	48.1
	高校	20	25.3
	科研院所	10	12.6
	其他	4	5.1
职位	高级管理人员	15	19.0
	中级管理人员	26	32.9
	基层管理人员	28	35.4
	普通员工	10	12.7
职称	高级职称	34	43.0
	中级职称	25	31.7
	初级职称	14	17.7
	无职称	6	7.6

在 79 位有效答卷成员中，男性 54 人，占总人数的 68.4%；女性 25 人，占总人数的 31.6%。从答卷者的年龄来看，30～40 岁居多，占比 41.8%。从答卷者的受教育程度来看，94.9% 的人达到本科及以上学历水平，说明受教育程度很高。从答卷者的工作年限来看，也都有着较为丰富的工作经验，6 年及以上工作年限的人占比 73.4%。并且，在这些答卷人中，企业工作者最多，占总人数的 48.1%；高校次之，占比 25.3%；科研院所和政府部门分别位居

第三和第四名，占比为 12.6% 和 8.9%；剩余的 5.1% 为其他。由于发放问卷的主要对象是各个单位的管理层以及领导层，所以管理人员占全部人员的 87.3%；有职称的人员占全部人员的 92.4%。被调查者的高学历、丰富的工作经验以及对重大工程的全局性认识能够较好地支撑研究结果。

4.2.3 问卷信效度分析

采用 SPSS26.0 和 AMOS26.0 软件对量表进行信效度分析，确保量表的可靠性和有效性，分析结果如表 4-8 ~ 表 4-11 所示。首先，采用 Cronbach's α 系数来检验量表的信度。如表 4-8 所示，研究所涉及变量的 Cronbach's α 系数以及总体量表的 Cronbach's α 系数均在 0.7 以上，表明问卷的可信度较好，具备较高的内部一致性，整体可靠性和准确性较强。其次，进行探索性因子分析，用 KMO 和 Bartlett 检验进行效度验证。如表 4-9 所示，各变量 KMO 值均大于 0.7，对应 p 值均小于 0.05，且累计方差贡献率均超过 50%，说明量表的效度较好。此外，进行验证性因子分析，通过平均方差萃取（AVE）和组合信度（CR）验证收敛效度，通过对比 AVE 平方根与相关关系值验证区分效度，如表 4-10、表 4-11 所示。其中各变量的 AVE 值均大于 0.5，CR 值均大于 0.7，说明收敛效度较高。而 AVE 平方根也均大于相关系数值，说明区分效度良好。综上所述，本书所使用的量表能够满足信效度的要求，可以充分识别研究涉及的所有变量，为接下来的工作奠定良好的基础。

表 4-8　　　　　　　　　　量表信度检验结果

变量名称	项数	各变量 Cronbach's α	量表总体 Cronbach's α
市场需求	4	0.774	
政府支持	5	0.861	
创新领导者	4	0.803	
主体邻近性	5	0.805	0.956
异质资源需求	5	0.860	
重大建设工程技术创新联合体形成成效	4	0.826	

表 4 – 9　　　　　　　　　　　探索性因子分析结果

变量名称	KMO 值	p 值	累计方差贡献率（%）
市场需求	0.753	0.000	59.586
政府支持	0.805	0.000	64.623
创新领导者	0.753	0.000	62.925
主体邻近性	0.771	0.000	56.519
异质资源需求	0.821	0.000	64.790
重大建设工程技术创新联合体形成成效	0.790	0.000	65.977

表 4 – 10　　　　　　　　　　收敛效度分析

变量名称	AVE	CR
市场需求	0.512	0.773
政府支持	0.571	0.865
创新领导者	0.515	0.806
主体邻近性	0.503	0.794
异质资源需求	0.575	0.868
重大建设工程技术创新联合体形成成效	0.542	0.825

表 4 – 11　　　　　　　　　　区分效度分析

变量	市场需求	政府支持	创新领导者	主体邻近性	异质资源需求	重大建设工程技术创新联合体形成成效
市场需求	0.778					
政府支持	0.629	0.856				
创新领导者	0.656	0.709	0.824			
主体邻近性	0.573	0.678	0.723	0.805		
异质资源需求	0.606	0.728	0.778	0.799	0.858	
重大建设工程技术创新联合体形成成效	0.612	0.669	0.778	0.714	0.782	0.836

4.3 fsQCA 数据校准及结果分析

4.3.1 变量校准

fsQCA 分析之前十分重要的一项工作是进行变量校准。变量校准就是将变量转化为集合，将案例在变量上的值转化为案例在集合上的模糊集隶属度的过程。采用直接校准法，设置完全隶属、交叉点和完全不隶属 3 个校准锚点。基于实际数据情况并参考以往文献，选取各变量的 95% 分位数作为其完全隶属的校准锚点、50% 分位数作为交叉点的校准锚点、5% 分位数作为完全不隶属的校准锚点，实现各变量原始数据的转化，得到各变量的校准数据。各变量的校准锚点如表 4－12 所示。

表 4－12　　　　　　　　　　各变量的校准锚点

变量		完全隶属	交叉点	完全不隶属
条件变量	市场需求	4.75	4.25	2.975
	政府支持	5	4.2	2.98
	创新领导者	4.775	4	2.75
	主体邻近性	4.62	3.8	2.76
	异质资源需求	4.8	4.2	3
结果变量	重大建设工程技术 创新联合体形成成效	4.75	4	2.95

4.3.2 单个前因变量的必要性分析

在进行前因变量组合的充分性分析之前需要检验单个前因变量的必要性，探究其是否是结果的必要条件。这也是识别核心条件的关键，即使有可能在后续真值表运算过程中被消除，也不能忽视其作为核心条件的重要作用。在 fsQCA 研究中，衡量必要条件通常采用一致性水平，高于 0.9 则认为是结果变量的必要条件。采用 fsQCA 软件进行分析，分析结果如表 4－13 所示。发现各条件变量作为必要条件的一致性水平都低于 0.9，说明均不是结果变量的必要条件，也就是说实现重大建设工程技术创新联合体高形成成效和低形成成效不是某一因素作用的结果，而是多种因素共同作用的结果，需要对前因变量组合进行分析，找出实现重大建设工程技术创新联合体高形成成效和低形成成效的多种前因条件组合。

表 4 – 13　　　　　　　　前因变量必要性分析结果

前因变量	高形成成效		低形成成效	
	一致性	覆盖度	一致性	覆盖度
市场需求	0.774697	0.794071	0.603320	0.551305
～市场需求	0.562252	0.613886	0.774641	0.754007
政府支持	0.770076	0.769634	0.574099	0.511510
～政府支持	0.511230	0.573824	0.741446	0.741924
创新领导者	0.833070	0.849857	0.533383	0.485088
～创新领导者	0.495259	0.543498	0.834909	0.816811
主体邻近性	0.816909	0.776826	0.585996	0.496778
～主体邻近性	0.470814	0.560563	0.736746	0.782006
异质资源需求	0.849040	0.819244	0.522721	0.449648
～异质资源需求	0.429632	0.502422	0.789869	0.823464

4.3.3　前因变量组合的充分性分析

在进行前因变量组合的充分性分析时，需要将模糊隶属度矩阵转化为真值表，以确定前因条件的组合与结果之间的显式关系。主要包括构建真值表、完善真值表和分析真值表 3 个步骤。其中，构建和完善真值表需要先确定三个阈值：一是案例频数阈值，其含义为组态能够被认为是结果集合子集的最低出现频率；二是原始一致性阈值，只有原始一致性数值大于设定阈值的组态，才能被认为是结果集合的子集；三是 PRI 一致性阈值，PRI 值可以用来避免某一组态在结果和结果否定中的同时子集关系。将案例频数阈值设定为 1，一致性阈值设定为 0.8，PRI 一致性阈值设定为 0.65，将校准后的模糊集隶属分数矩阵转换为经阈值筛选后的真值表。

运用 fsQCA 软件对真值表进行分析，可获得复杂程度不同的 3 种解：复杂解、简单解和中间解。中间解优于简单解和复杂解，既包含了容易的逻辑余项、简化结果，又避免了复杂的逻辑余项、不会违背事实。因此，重点分析中间解并综合简单解对核心条件作出判断，综合分析后得到组态分析结果。沿用学者菲斯等（Fiss et al.，2011）对组态分析结果的表述方式：●表示核心条件存在，⊗ 表示核心条件缺失；●表示边缘条件存在，⊗表示边缘条件缺失；而"空白"则说明该条件在组态中无关紧要，即其存在与否均不会影响结果。最终，组态分析的结果如表 4 - 14 所示。

表 4 - 14　　　　　　　　　　　组态分析结果

条件变量	重大建设工程技术创新联合体					
	高形成成效			低形成成效		
	H1	H2	H3	NH1	NH2	NH3
市场需求	●	●			⊗	⊗
政府支持	●			⊗		⊗
创新领导者		●	●	⊗	⊗	⊗
主体邻近性			●	⊗	⊗	
异质资源需求	●	●	●	⊗	⊗	⊗
一致性	0.910330	0.933431	0.919119	0.949613	0.956207	0.957125
原始覆盖度	0.597951	0.624455	0.666332	0.556776	0.550652	0.539587
唯一覆盖度	0.044103	0.024182	0.097711	0.057716	0.051593	0.040528
结果一致性	0.906808			0.939313		
结果覆盖度	0.766269			0.648896		

观察组态结果发现，存在 3 条驱动重大建设工程技术创新联合体高形成成效的路径，且每个组态的一致性和结果一致性都超过了 0.9，表明这三条路径均是促进重大建设工程技术创新联合体高形成成效的充分组合。此外，结果覆盖度为 0.766269，这表明得出的三条路径能够覆盖近八成的样本，覆盖程度较高。具体而言：

第一条路径 H1 指出高市场需求、高政府支持以及高异质资源需求为核心条件，能够驱动重大建设工程技术创新联合体高形成成效。即在重大工程建设过程中，无论主体之间是否邻近，在不考虑是否存在创新领导者积极牵头的情况下，随着市场需求的增多以及各主体对异质资源需求的增多，政府加大支持力度能够促进重大建设工程技术创新联合体高形成成效。

第二条路径 H2 指出高创新领导者和高异质资源需求为核心条件，高市场需求为边缘条件，能够驱动重大建设工程技术创新联合体高形成成效。即在重大工程建设过程中，无论政府支持力度高低，也无论主体之间是否邻近，随着市场需求的增多以及各主体对异质资源需求的增多，创新领导者积极牵头能够促进重大建设工程技术创新联合体高形成成效。

第三条路径 H3 指出高创新领导者和高异质资源需求为核心条件，高主体邻近性为边缘条件，能够驱动重大建设工程技术创新联合体高形成成效。即在重大工程建设过程中，不考虑市场需求情况，也不考虑政府支持力度高低，在对异质资源强烈需求的情况下，创新领导者积极牵头，联合邻近的主体能够促进重大建设工程技术创新联合体高形成成效。

此外，定性比较分析法认为结果出现与不出现的原因是不一样的，这意味着导致重大建设工程技术创新联合体高形成成效与产生重大建设工程技术创新联合体低形成成效的原因是不一样的，也即产生重大建设工程技术创新联合体高形成成效原因的反面条件，不一定是产生重六建设工程技术创新联合体低形成成效的原因，需要对其进行分别分析。因此，进一步分析了重大建设工程技术创新联合体低形成成效的组态。

NH1 表明不考虑市场需求情况，当主体邻近性较低，各主体对异质资源需求不高，并且缺失政府支持、缺少创新领导者主导时，就会导致低的重大建设工程技术创新联合体形成成效。NH2 表明不考虑政府支持情况，当主体邻近性较低，市场需求与各主体对异质资源需求均不高，并且缺少创新领导者主导时，也会导致低的重大建设工程技术创新联合体形成成效。NH3 表明不考虑主体邻近情况，当市场需求与各主体对异质资源需求均不高，并且缺乏政府支持、缺少创新领导者主导时，重大建设工程技术创新联合体形成成效较低。从中可以看出，缺乏创新领导者主导以及缺少异质资源需求对重大建设工程技术创新联合体低形成成效的影响较大。资源是导致合作关系建立的关键，合作双方资源与能力异质性及互补性程度，决定双方合作动机强弱。此外，只有创新领军企业或龙头企业才具备足够的技术沉淀与资本保障条件来牵头组织重大建设工程技术创新联合。因此，二者的缺乏将会导致重大建设工程技术创新联合体形成成效不高。

4.3.4 稳健性检验

最后对结果进行稳健性检验。稳健性检验是观察对初始条件放宽和收缩后得到的结果与原始结果的差异程度或一致性情况。因此，对 fsQCA 结果进行稳健性检验能够验证结果的可靠性。在 fsQCA 研究中常见的稳健性检验方法有多种，例如调整条件变量、增减案例数、改变一致性阈值等，将原始一致性阈值从 0.8 上调至 0.85，对驱动重大建设工程技术创新联合体高形成成效的前因条件组态进行重新分析，最终发现与原组态一致。稳健性检验显示结果稳健。

4.4 重大建设工程技术创新联合体形成路径讨论

上文识别出驱动重大建设工程技术创新联合体高形成成效的三条路径，接下来对其进行深入分析与讨论。

4.4.1 "需求引导—政府驱动型" 路径

第一条路径 H1 包含高市场需求、高政府支持以及高异质资源需求三个核心条件，我们将其命名为 "需求引导—政府驱动型" 路径。这条路径的核心是在重大建设工程技术创新需求和异质资源需求的引导下，发挥 "有为政府" 作用，驱动重大建设工程技术创新联合体形成。重大工程在整个建设过程中面临着严峻挑战，施工环境的艰险、工程技术的复杂、项目管理的困难等都驱动着工程技术创新突破。然而面对重大建设工程技术创新需求，单一企业或多个企业很难凭借自身资源独立实现创新突破，需要借助外部异质资源共同完成。因此，强烈的技术创新需求以及异质资源需求促使领军企业联合其他企业、高校、科研院所等组建重大建设工程技术创新联合体，整合创新资源，完成技术攻关任务，实现技术创新突破。但市场自发力量并不足以支撑组建重大建设工程技术创新联合体，还需要借助政府力量弥补市场不足，通过给予重大建设工程技术创新联合体定向政策支持，引导重大建设工程技术创新联合体组建并开展深度研发工作，实现技术创新突破。例如，各地政府拿出部分专项科研资金用于支持重大建设工程技术创新联合体开展研发工作，并通过财政补贴及税收减免政策为重大建设工程技术创新联合体的组建提供补贴，给予创新成果奖励等。政府能够为重大建设工程技术创新联合体提供资金、土地、人才支撑，在创新联合体的组建起步阶段起着关键作用。

例如，深圳前海国际会议中心是 2019 年深圳重大项目"前海"一号工程，作为承担我国重要活动的高级会议场馆，历经 366 天精耕细作、匠心打造，成为我国高质量工程的典范代表。项目在中央、省、市等上级单位的领导下，由中建八局承建，并联合孟建民院士设计团队、上游物料生产厂商等参建单位组成前海国际会议中心建设团队，实现整个项目高效高质建造。项目采取"钢结构＋玻璃幕墙"新颖模式，创新"装配式＋BIM 技术"施工工艺，充分体现"匠心独运"。项目能取得成功离不开政府的统筹规划和集中管理，成立了前海国际会议中心建设领导小组，下设 4 个小组分工合作，统筹整个项目；并设立自贸新城建设指挥部办公室推进项目工作的具体落实，强化项目组织领导。前海国际会议中心项目取得突出的建设成效，荣获"詹天佑故乡杯"奖、广东省优质结构工程、深圳市安全生产示范工地等多项荣誉；并获得了深远的社会影响，深圳经济特区建立 40 周年庆祝大会于 2020 年 10 月 14 日在此隆重举办。

4.4.2　"需求引导—领军企业主导型"路径

第二条路径 H2 包含高创新领导者、高异质资源需求两个核心条件和高市场需求一个边缘条件，我们将其命名为"需求引导—领军企业主导型"路径。这条路径的核心是在重大建设工程技术创新需求和异质资源需求的引导下，发挥领军企业主导作用，推动重大建设工程技术创新联合体形成，促进技术创新。与高校和科研院所相比，领军企业或龙头企业在参与市场竞争时更容易发现产业技术创新的方向，并且其自身就具有强烈的自主创新诉求，具备较强的研发能力和风险抵御能力，由它们牵头组建重大建设工程技术创新联合体能够以需求为牵引，带动建筑产业链上下游成员共同创新，实现关键核心技术创新突破。此外，领军企业与产业链上下游企业一般会存在投入产出关系，在组建重大建设工程技术创新联合体时由领军企业牵头，有助于协调产业链上下游企业创新行为、整合创新资源、规划研发方向、共享关键信息等。再者，领军企业充足的研发资金、完善的机制体制以及丰富的产品经验等能够对接高校、科研院所，提供科研经费、打造科研成果转化平台，促进科技创新以及创新成果有效转化。因此，在重大工程规划和建设过程中，面对恶劣的自然环境、复杂的工作任务以及不明确的工程需求，领军企业应发挥其主导作用，促进重大建设工程技术创新联合体形成，驱动重大建设工程技术创新联合体内各创新主体协同创新。

例如，川藏铁路是中国境内一条连接四川省与西藏自治区的快速铁路，是维护全国长治久安、促进藏区经济社会发展的重大工程。其恶劣的地理环境、极端的气候特征，给工程建设带来极大挑战，是目前技术难度最大的铁路工程。面对这种难度系数大、要求高、标准高的重大建设工程技术创新需求，亟须整合产学研各界创新资源，开展协同创新。因此，由国铁集团牵头，联合四川、西藏两省区组建国家川藏铁路技术创新中心，以国家战略需求为牵引，围绕工程建设实际需求，通过搭建技术创新平台，开展科技攻关，致力于实现关键核心技术突破；并基于大数据智能服务体系实现重大科技成果产业化，实现科研与市场紧密结合。国铁集团在统筹协调、经费投入、组织管理等方面发挥了重要作用，加强了与其他企业、高校、科研院所的沟通交流，促进资源的投入与共享、人才的吸引与培育，形成风险共担、利益共享的创新共同体，打造中国铁路又一创新高地。组建国家川藏铁路技术创新中心为解决川藏铁路建设难题、推动高质量建设成效提供了有力支撑，推动铁路科技创新体系进一步发展。

4.4.3 "异质资源驱动—领军企业主导—邻近主体协同型"路径

第三条路径 H3 包含高创新领导者、高异质资源需求两个核心条件和高主体邻近性一个边缘条件，我们将其命名为"异质资源驱动—领军企业主导—邻近主体协同型"路径。这条路径的核心是在获取异质资源的驱动下，由领军企业牵头，协同产业链创新链邻近主体，共同组建重大建设工程技术创新联合体。通常单一主体无法拥有创新所需的全部资源，与其他主体进行合作已经成为解决这一问题的重要举措。企业、高校、科研院所等基于资源共享、优势互补展开合作创新，寻求创新利益。重大工程复杂程度高，其技术创新也依赖于多组织的协同合作。然而，在合作过程中存在的目标冲突和利益冲突将影响创新成员合作创新的意愿，成员的投机行为、利益分配的不均也将影响合作创新的稳定。由领军企业牵头能够通过完善组织制度、制定规章规范，在一定程度上缓解合作创新中的风险；并且在选择合作伙伴时优先考虑关系邻近的组织，更有助于减少合作中遇到的限制和隔阂，降低协同创新合作的风险。关系邻近会产生较大的信任，促进组织间合作，并且这种因信任而产生的合作稳定性更强，并且显著降低交易成本，促进资源、知识流动，实现创新成果共享。因此，由领军企业牵头，协同邻近主体共同组成重大建设工程技术创新联合体，能够更好地促进各主体共享异质资源，减少隔阂，形成稳定的合作创新关系，降低合作过程中的风险。

例如，港珠澳大桥是中国境内连接香港、广东珠海、澳门的一项重大基础设施工程，具有深远的社会意义。其中的岛隧工程是主体工程的关键部分，岛隧工程中的沉管隧道是我国建设的第一条外海沉管隧道，建设难度巨大。而当时的外海沉管隧道技术仅掌握在少数外国公司手上，国内缺乏成熟的经验。因此，中国交建联合中交公规院等设计单位、上海城建（集团）公司等施工企业、清华大学等高校、江苏省交通科学研究院等科研机构组成技术创新联合体，攻克多项外海沉管安装工程难题，实现关键核心技术创新突破，取得举世瞩目的重大成就。面对建设难题，技术创新联合体将任务分解，合理安排成员参与各项任务；并通过讨论、例会等形式加强沟通，鼓励大家提出想法、分享信息；在面对团队冲突时也能够很好地化解矛盾，促进团队协作。共同目标和愿景也促使着技术创新联合体成员在合作过程中积极参与。在参与主体的共同努力下，岛隧工程技术创新成效显著，获得"2018年度隧道工程奖"等多项国家工程大奖，获取近200项专利技术，创新多个工艺与工法，填补国内外技术空白。

下　篇
多视域下的重大建设工程技术
创新主体行为演化发展研究　→

第5章 创新链视域下重大建设工程技术创新链演化博弈与混沌控制
——以轨道交通建设工程为例

5.1 问题提出

近年来,随着我国新型工业化、城镇化持续推进,大型基础设施工程投资规模不断扩大,尤其在轨道交通基础设施方面建设成效显著。例如,截至2020年底,我国高铁工程建设运营里程已达3.79万公里,稳居世界第一;我国地铁建设运营里程达到6302.79公里,且已有40个城市开通城轨交通建设运营项目。铁路、地铁等轨道交通工程显著成就离不开建设工程技术创新支撑。例如,高铁工程中的CRTSⅢ型板式无砟轨道板技术创新,提升了高铁工程轨道结构耐久性与稳定性;长沙磁浮快线工程中的F轨技术创新,是承载磁浮车辆悬浮力、导向力及牵引力的关键基础构件。

与一般工程不同,轨道交通建设工程如高铁工程、磁浮快线工程,均是在技术难题或工程需求驱动下,突破已有建造方式,从原有建筑建材技术创新拓展到装备制造创新,且技术难题或工程需求的不确定性,亟须跨组织、跨部门的技术创新。这些具有不同行业、专业背景的创新主体,以技术创新为主线,通过跨组织协同、资源融合、联合攻关等方式,形成轨道交通建设工程技术创新链,确保异质性创新资源优势互补,提升技术创新能力与效率,实现建设工程新技术研发与应用,为轨道交通建设工程顺利实施提供坚实的技术力量。

关于建设工程技术创新,已有学者从工程哲学、工程技术创新影响因素与作用机理、工程创新系统与项目创新、政府政策环境与社会网络等视角展开研究，所提出的相关观点如表 5-1 所示。鲜有学者从创新链视角开展研究，难以为轨道交通建设工程技术创新实践提供理论支撑。鉴于此，本书立于创新链视角，聚焦轨道交通建设工程，以轨道交通建设工程技术创新链演化过程为主线，基于混沌理论，分析轨道交通建设工程技术创新链演化的动力学特性，借助虫口模型，探索建设工程技术创新链演化规律与混沌控制。

表 5-1　　　　　关于建设工程技术创新的已有学者相关观点

研究视角	相关学者	主要观点
工程哲学	李伯聪	工程创新是创造主体从可能性的创新空间到现实世界的过程
	王安	工程创新须立于哲学高度，拥有哲学思维
	殷瑞钰	工程创新是创新活动主战场
		工程创新是自主集成创新
	何继善	工程创新本质内容是创新空间选择与构建
工程创新影响因素与作用机理	王孟均等	铁路工程技术创新活动过程受工程需求、创新环境、创新管理及资源等关键因素的影响
	曾磊	重大建设工程创新的关键在于多主体的技术协同、资源管理协同等
	蔡岳峰	整合工程与科学技术知识，对标国际工程前沿，聚集优质创新资源，开展技术创新活动
	韩志永	技术创新关键影响因素是管理、人才、资金及社会环境等
	Ozorhon & Oral	项目复杂性、创新政策和环境可持续性是建设工程创新背后的主要动力
	Ozorhon 等	创新资源投入、创新决策是建设工程创新的关键影响因素
	Liu 等	创新支持、智力激励、绩效自我效能、个性化思考和条件奖励对工程技术创新影响显著
	Suprun & Stewart	经济水平低下、政府财政赤字以及相关法规是建设工程创新阻碍因素
工程创新系统与项目创新	曾赛星	从生态系统的视角，分析重大建设工程创新系统中的生态位与生态势的特点
	Suprun 等	从系统动力学视角分析俄罗斯联邦建设工程创新系统
	Sergeeva 等	创新主导者在领导、促进重大建设工程项目创新方面发挥关键作用
	Dodgson 等	构建协同激励机制，如通过激励措施，促进参建主体开展项目创新
	Lehtinen 等	工程创新重点是参与者的协同，包括建立组织间协调机构和共享所有权决策权等

续表

研究视角	相关学者	主要观点
政府政策环境与社会网络	林敏等	基于中国国情，制定技术创新政策与完善监督机制
	Seaden & Manseau	在发达国家，支持创新公共政策工具对建设工程创新并未起到积极作用
	Orstavik 等	创新主体组成的建设工程创新网络对创新绩效具有重要影响
	Xiaoming	从演化博弈的角度，构建工程建设创新与地方政府在不同环境规制选择影响博弈模型，研究表明，地方政府严格的环境规制和工程建设企业的技术创新可同时实现稳定性，条件是地方政府有效投资
	Poesche	工程创新成功关键在于创新合规性与创新环境的整合
	Xiaolong	人际关系网络对工程创新具有重大影响

5.2　创新链演化过程分析

5.2.1　轨道交通建设工程技术创新链

（1）创新链界定。创新链最早由国外学者马歇尔（Marshal）等提出，强调创新链中各环节分解来阐释创新链的内涵，且该观点逐渐被学术界接受与持续完善。如提姆斯（Timmers，1999）认为，创新链由基础研究、技术研发、实际运用及产业化等四个阶段构成，各阶段相互影响又彼此独立。蔡翔（2002）指出，创新链是新科学与技术知识发现到产业化的整个过程，突出创新链中核心主体的关键链接作用，是一种实现知识增值与创新系统优化的功能结构模式。尹等（Yin et al.，2021）以绿色技术创新为对象，强调绿色技术创新链是通过企业、大学、科研机构、消费者等多主体互动，实现知识创造向绿色技术产品转化与推广的过程。周雪亮等（2021）提出创新链是以满足特定需求为目标，以产品或科技创新为核心，整合各类资源，通过多主体参与、多环节协同、多资源融合，形成贯穿科技孕育、科技创新实现、科技成果转化及推广应用等阶段的链式结构。

（2）轨道交通建设工程技术创新实例分析。高铁工程中的 CRTSⅢ型板式无砟轨道板技术创新是中铁二十三局集团有限公司在提升结构耐久性与降低造价的工程需求引领下，提出建设新型板式无砟轨道设想，获得原铁道部的高铁CRTSⅢ型无砟轨道板科研课题立项，并由中铁二十三局轨道交通工程有限公司成都管片厂、中铁二院、西南交通大学等单位组建研发团队，进行技术研发。而后研发产品应用到成都至都江堰铁路，通过国家综合试验，各项指标达到预设。最后，中铁二十三局轨道交通工程有限公司与铁科院签署合同，建立沈阳研发基地，负责沈丹线试验段CRTSⅢ型板式无砟轨道技术的研发，实现CRTSⅢ型板式无砟轨道技术产业化扩散。此外，关于长沙磁浮快线工程中F轨技术创新，以研发承载磁浮车辆悬浮力、导向力及牵引力等基础构件为工程需求，由湖南磁浮交通发展股份有限公司为主导，联合中铁四院、中铁建总包、同济大学、上海安装、英泰克监理、中铁宝桥集团牵头建立的德阳、宝鸡、平遥等生产基地，实现创新构想、创新立项、技术研发、技术应用等建设工程技术创新过程。

　　基于已有学者关于创新链定义，分析创新链内涵中的关键要素包括创新主体多元化、创新过程多环节、创新资源要素交互融合性等，并结合高铁工程中的CRTSⅢ型板式无砟轨道板技术创新和长沙磁浮快线工程中F轨技术创新等轨道交通创新实践，界定轨道交通建设工程技术创新链的基本内涵：以建设工程需求或攻克技术难题为目标，以技术创新开展过程为主线，通过业主、高校、科研院所、设计单位、施工单位、供应商、政府部门等多主体参与、创新异质性资源互动融合、多环节协同等方式所形成的链式结构，其中多环节涉及工程需求、创新立项、技术研发、试制改进、技术应用、产业化扩散等，如图5-1所示。

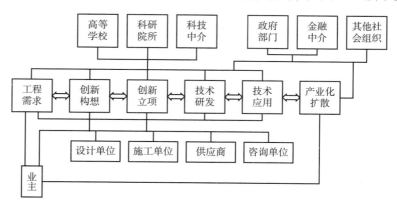

图5-1　轨道交通建设工程技术创新链

5.2.2　轨道交通建设工程技术创新链演化过程

基于建设工程技术创新、创新链等主题的已有研究成果，根植于轨道交通建设工程技术创新实践，不难发现轨道交通建设工程技术创新链演化过程受到工程需求、创新资源投入、主体创新能力、合作伙伴关系等关键因素影响。根据这些关键因素在轨道交通建设工程技术创新链演化过程中的作用，可将轨道交通建设工程技术创新链演化过程分初级阶段、成长阶段、成熟与更新阶段等三个阶段。

（1）轨道交通建设工程技术创新链演化初级阶段。该阶段在工程需求的牵引下，以业主为主导者，组织少许的咨询单位、高校、科研院所等单位，提出创新设想，提炼创新选题，确定创新立项。然而，初级阶段面临合作伙伴间关系信任度低、彼此间未能轻易分享关键异质性知识、技术创新主体新知识获取与吸收能力弱、尚未具备资源整合能力、创新资源投入不足等问题，导致轨道交通建设工程技术创新链中知识传播数量少、速度慢，技术创新效果不佳。

（2）轨道交通建设工程技术创新链演化成长阶段。在该阶段中，创新立项的确定让创新目标更为具体，业主进一步选择具有较强创新能力的主体，例如设计单位、施工单位及各类供应商等，技术创新主体的规模也进一步扩大，各创新主体间合作伙伴关系进一步深化，异质性知识共享显著，提升轨道交通建设工程技术创新整体能力。

（3）轨道交通建设工程技术创新链演化成熟与更新阶段。在该阶段中，基于技术攻关与研发活动的开展，具有一定技术积累的技术创新主体，通过技术与知识共享，形成已有技术、知识的优势互补，实现轨道交通建设工程技术创新，提升技术创新绩效。并随着技术应用与产业化扩散，技术创新目标的实现，各创新主体总结技术创新中经验与问题，更新自身知识结构，提升创新能力。基于不同的轨道交通建设工程需求驱动，各创新主体不断加入新的轨道交通建设工程技术创新中，形成新的轨道交通建设工程技术创新链，当然也有不适应新工程需求与知识结构的轨道交通建设工程技术创新链衰落。

5.3 创新链混沌特性分析

混沌研究源于洛伦兹的天气预测模型，提出著名的"蝴蝶效应"，混沌理论揭示自然界复杂无序与混乱现象背后的秩序。自然界与人类社会中的混沌现象产生，本质原因是复杂系统内部中非线性因素作用和对初始条件的敏感依赖性。经 5.2 节轨道交通建设工程技术创新链演化过程的分析发现，轨道交通建设工程技术创新链是由多主体参与、多环节协同、多资源融合的复杂系统，其演化过程是主体创新能力、创新资源投入、主体间合作伙伴关系等非线性因素工程作用的结果，且对初始值具有敏感依赖性。从轨道交通建设工程技术创新链混沌特性来看，其主要特征表现在以下几个方面。

5.3.1 技术创新链复杂性

轨道交通建设工程技术创新链是以业主为核心，形成高校、科研单位、设计单位、施工单位、各类供应商、政府、科技中介、金融中介等多主体组成的轨道交通建设工程技术创新链结构。创新链主体知识结构极其复杂，跨多个行业与领域，涉及不同学科与专业，且创新能力与要素投入具有差异性，从而导致轨道交通建设工程技术创新链的复杂性。

5.3.2 非线性因素作用下的内在随机性

混沌现象是具有确定性的复杂系统内部非线性因素作用下引发的内在随机性的映射与反应，其中随机性强调系统无规则、未能预测的行为，内在随机性表现于无须增添任何随机因素，从系统内部仍呈现出来随机性行为。例如，在轨道交通建设工程技术创新过程中涉及人力、物力、财力等要素投入与混合作用，尤为重要的是人力，且由创新人才思维与创造力的变动引发轨道交通建设工程技术创新链中的随机行为出现。此外，还存在主体间合作伙伴关系、异质性知识等方面的相互作用与耦合，产生无法预测的与无法估算结果的情况，更可能会导致轨道交通建设工程技术创新链进入混沌状态。

5.3.3　对初始条件的敏感依赖性

复杂系统初始值微小差异变化，短期内虽未呈现出较大差异，但对系统长期行为的影响巨大，这种系统长期行为对初始值的敏感依赖是系统混沌本质特性之一。面对轨道交通建设工程需求，建设工程技术创新过程中所提出的创新构想、创新立项、技术研发等环节，均受到创新链内部非线性因素的作用，各因素不同的初始值对系统创新成果的影响极大。例如，在轨道交通建设工程技术创新构想过程中，创新主体合作伙伴关系信任度，通过知识分享量作用于创新构想成熟度。合作伙伴关系信任度微小差异，会导致创新构想的是否成熟或被否决，影响系统演化是否能正常进行。此外，在轨道交通建设工程技术创新过程中，选取不同时间节点的非线性要素初始值的微小差异，所引发系统的多节点与环节乃至主体的变化更为复杂，导致轨道交通建设工程技术创新系统最终状态差别巨大。

5.4　创新链演化与混沌控制模型构建

5.4.1　轨道交通建设工程技术创新链演化模型构建与分析

（1）轨道交通建设工程技术创新链演化模型构建。学术界应用虫口模型到经济管理领域时，要求虫口模型中昆虫在有限资源环境中生息繁衍，且代与代间无混合。本书所研究的轨道交通建设工程技术创新链，以技术创新链上的由 n 代工程需求驱动后所获取第 n 代创新成果可视为第 n 代种群数量，创新成果的从无到有，或者已有工程技术的创新升级替代，被视为前后代与代间的无混合。轨道交通建设工程技术创新链上的所有资源所产生最大创新成果被看作自然界中有限资源环境支撑与供养种群数量最大限额。

基于上述分析，轨道交通建设工程技术创新过程符合虫口模型中昆虫进化的基本条件。为此，借助虫口模型分析轨道交通建设工程技术创新链的演化规律。假设 Π_n 代表由 n 代轨道交通建设工程需求驱动后所获取第 n 代创新成果的总数；T_n 代表轨道交通建设工程技术创新链中所有资源投入后所产生最大创新成果。$X_n = \dfrac{\Pi_n}{T_n}$，代表轨道交通建设工程技术创新链中第 n 代创新相对成果数。其中"n 代"并未指"n 年"，仅代表第"n 创新周期"。在考虑主体创新能力、创新资源投入、主体间合作伙伴关系等非线性因素的作用下，轨道交通建设工程技术创新链演化模型由第 $n+1$ 代的创新成果数与第 n 代创新成果数关系所表示，具体表达式为：

$$X_{n+1} = KX_n[1-X_n], K>0, X_n \in [0,1] \tag{5-1}$$

其中，$K = f(a_1, a_2, \cdots, a_n)$，表示主体创新能力、创新资源投入、主体间合作伙伴关系等非线性因素综合作用。

（2）轨道交通建设工程技术创新链演化模型分析。针对 $X_{n+1} = KX_n[1-X_n]$ 模型，构建函数 $f(X) = KX(1-X)$。当 $0 \leqslant X_n \leqslant 1$ 时，根据函数求导，发现函数 $f(X)$ 在 $X = \dfrac{1}{2}$ 处存在极大值，极大值为 $f\left(\dfrac{1}{2}\right) = \dfrac{K}{4}$，且当 $0 < K \leqslant 4$ 时，不难推导出映射 f 把区间 $[0,1]$ 映射到它自身。现考察 K 从 0 逐渐变大过程中，$X_{n+1} = KX_n[1-X_n]$ 的周期解及其稳定性改变情况。

设 $X_{n+1} = KX_n[1-X_n]$ 平衡点为 X，可解方程 $X = KX(1-X)$ 得到两个解：$X_1 = 0$，$X_2 = 1 - \dfrac{1}{K}$。当 $0 < K \leqslant 1$ 时，$X_2 \leqslant 0$，此时轨道交通建设工程技术创新链演化模型在区间 $[0,1]$ 上有且仅有一个平衡点 $X_1 = 0$。为判断平衡点的稳定性，可根据 $\dfrac{\mathrm{d}f(X)}{\mathrm{d}X}$ 在 X_1 处绝对值是否小于 1 来判定。因为 $f'(X) = K(1-2X)$，$|f'(0)| = K < 1$，所以 $X_1 = 0$ 是稳定的。

同理可分析，当 $1 < K < 3$ 时，$X_1 = 0$，$X_2 = 1 - \dfrac{1}{K}$ 均为平衡点，由于 $|f'(0)| = K > 1$，$\left|f'\left(1-\dfrac{1}{K}\right)\right| = |2-K| < 1$，所以 X_1 变成不稳定，而 X_2 是稳定的。当 $K > 3$ 时，X_2 也变成不稳定。

为深入考察式（5-1）的周期 2 点，求解方程：

$$X = f^2(X) = K^2 X(1-X)[1-KX(1-X)]$$

即：

$$X = \{1 - K^2(1-X)[1 - KX(1-X)]\} \qquad (5-2)$$

容易验证，$X_1 = 0$，$X_2 = 1 - \dfrac{1}{K}$ 仍然是式（5-2）的解。此外，式（5-1）在 $[0,1]$ 上还有两个解：

$$X_3 = \frac{1}{2K}[1 + K - \sqrt{(K+1)(K-3)}] \qquad (5-3)$$

$$X_4 = \frac{1}{2K}[1 + K + \sqrt{(K+1)(K-3)}] \qquad (5-4)$$

经计算可知，使 $\left|\dfrac{\mathrm{d}f^2(X)}{\mathrm{d}X}\right| = 1$ 时，此时 $K = 1 + \sqrt{6} \approx 3.499$。

当 $3 < K < 1 + \sqrt{6}$ 时，两周期的 X_3，X_4 是稳定点，如当 $K = 3.2$ 时，此时 $X_3 = 0.513$，$X_4 = 0.780$，均为系统稳定点。由此可见，$K = 3$ 为分岔点，当 $K > 3$ 时，原来两个稳定的平衡点 X_1，X_2 失去稳定性，此时新分出来 2 个稳定的周期 2 点。当 $K > 1 + \sqrt{6} \approx 3.499$ 时，X_3，X_4 均变为不稳定。

可证明，$K = 1 + \sqrt{6}$ 也是一个分岔点，当 $1 + \sqrt{6} < K < K_3 \approx 3.544$ 时，周期 2 点虽存在，但已变为不稳定，从而产生新的 4 个稳定的周期 4 点。例如当 $K = 3.5$ 时，周期为 4 的周期解为 $\{0.383, 0.827, 0.501, 0.875\}$，为此，$K_3$ 又是一个分岔点。当 $K_3 < K < K_4 \approx 3.564$ 时，上述 4 个稳定的周期 4 点均变为不稳定，又新产生 8 个稳定的周期 8 点。当 $K_4 < K < K_5$ 时，8 个稳定的周期 8 点失去稳定性，进而产生 16 个稳定的周期 16 点。该倍分岔过程在区间 $[3,4)$ 内可以无限次地进行下去，且相邻两个分岔点的差值越来越小。

通过大量计算能够发现，随着倍分岔的无限进行，K 将会趋向于一个常数，即 $K_\infty \approx 3.570$。当 $K > 3.570$ 时，系统会进入混沌状态，上述整个分岔过程如图 5-2 所示（非比例绘图）。

5.4.2　轨道交通建设工程技术创新链混沌控制模型

基于 5.4.1 节分析可知，当 $K > 3.570$ 时，轨道交通建设工程技术创新链

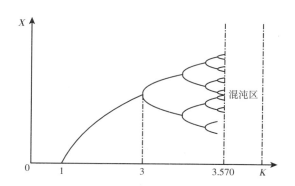

图 5 - 2   轨道交通建设工程技术创新链分岔

将进入混沌状态，即创新能力、创新资源投入、主体间合作伙伴关系等非线性因素综合作用超过一定阈值时，会对技术创新链造成一定负面影响。从经济学角度看，混沌现象往往是有害的，为此须尽可能在混沌现象发生前对技术创新链系统进行预防，并在混沌现象发生后对其及时控制。在数学模型上，通过增加调节参数 $U(0 \leqslant U \leqslant 1)$，构建轨道交通建设工程技术创新链混沌控制模型，对技术创新链出现的混沌现象进行控制。其中，U 代表创新收益率增加值，干预轨道交通建设工程技术创新链混沌状态，以降低混沌现象对该技术创新链负面影响。增加调节参数后轨道交通建设工程技术创新链混沌控制模型表示为：

$$X_{n+1} = (1 - U)KX_n(1 - X_n) + UX_n \qquad (5-5)$$

5.5   数值模拟及分析

5.5.1   技术创新链演化过程模拟及混沌分岔现象

利用 Matlab 软件，对轨道交通建设工程技术创新链演化过程进行数值模拟分析。根据轨道交通建设工程技术创新实践案例分析，结合有关学者对技术创新绩效测算，假设轨道交通建设工程技术创新链中第 1 代相对创新成果数为 0.55，$X_1 = 0.55$，代表资源投入产出创新成果效率为 55%。基于第 1 代相对创新成果数，结合 $K = f(a_1, a_2, \cdots, a_n)$ 在 $[0, 4]$ 内变化值，分析轨道交通建设工程技术创新链演化过程及混沌分岔现象，如图 5-3 所示。

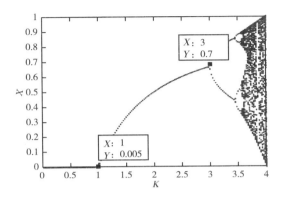

图 5-3　轨道交通建设工程技术创新链演化

（1）轨道交通建设工程技术创新链演化初级阶段的数值模拟与讨论。由图 5-3 可知，当 $0 < K \leqslant 1$ 时，随 K 值逐渐从 0 增大到 1，相对创新成果数并未发生明显变化，且为零，验证 5.4.1 节中"当 $0 < K \leqslant 1$ 时，轨道交通建设工程技术创新链演化模型在区间 $[0, 1]$ 上有且仅有一个平衡点 $X_1 = 0$"推论。为深入刻画该推论开展数值模拟，此时随意任取 $K = 0.3$，0.5，0.7，0.9 时，得到不同 K 值下轨道交通建设工程技术创新链演化过程，如图 5-4 所示。即当 $K \in (0, 1)$ 时，创新能力、创新资源投入、主体间合作伙伴关系等

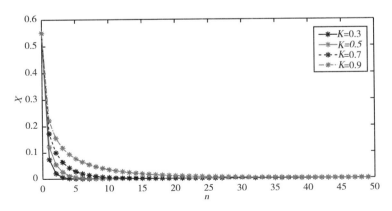

图 5-4　$K = 0.3$，0.5，0.7，0.9 的技术创新链演化

非线性因素 K 对轨道交通建设工程技术创新链演化作用不明显，轨道交通建设工程技术创新链演化最终走向衰落。该现象存在于轨道交通建设工程技术创新链演化初级阶段，由于合作关系信任度低、关键异质性知识分享不到位、主体获取与吸收新知识能力差、资源整合能力以及创新资源投入不足等问题，未能对技术创新链演化发挥足够推动作用。

（2）轨道交通建设工程技术创新链演化成长阶段的数值模拟与讨论。由图 5－3 可知，当 $1 < K < 3$ 时，相对创新成果数随 K 值增大而增加，验证 5.4.1 节中"当 $1 < K < 3$ 时，$X_1 = 0$，$X_2 = 1 - \dfrac{1}{K}$ 均为平衡点，由于 $|f'(0) = K > 1|$，$\left| f'\left(1 - \dfrac{1}{K} \right) \right| = |2 - K| < 1$，故 X_1 不稳定，而 X_2 是稳定平衡点，"的推论。为深入刻画该推论开展数值模拟，此时随意任取 $K = 1.5$，2.0，2.4，2.9，得到不同 K 值下轨道交通建设工程技术创新链演化过程，如图 5－5 所示。随 K 值增加，相对创新成果数会逐渐趋向于稳定值。例如当 $K = 2.0$ 时，稳定值为 $X_n = 0.5$；$K = 2.4$ 时，稳定值为 $X_n = 0.583$。且不难发现，在此稳定状态下，K 值增大的同时，相对创新成果数值也增大。这表明当 K 值在适当范围内增加时，有助于促进轨道交通建设工程技术创新链的相对创新成果数提升。该情形存在于轨道交通建设工程技术创新链演化成长阶段。在创新任务更为详细的情境下，随合作程度深入，创新规模扩大，技术创新主体间信任度得到提升，异质性知识分享显著，整体创新

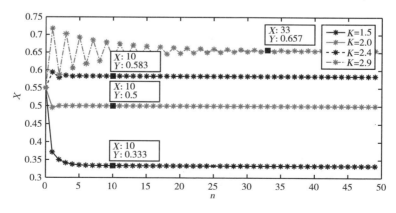

图 5－5　$K = 1.5$，2.0，2.4，2.9 的技术创新链演化

能力进一步增强，从而增加轨道交通建设工程创新链中相对创新成果数。

（3）轨道交通建设工程技术创新链演化成熟与更新阶段混沌分岔现象数值模拟与讨论。由图 5 – 3 可知，当 $K \geqslant 3$ 时，即 K 值进一步增大，轨道交通建设工程技术创新链开始出现分岔现象，验证 5.4.1 节中相关推论。为深入刻画该推论开展数值模拟，此时随意任取 $K = 3.0$，3.2，3.5 时，得到不同 K 值下轨道交通建设工程技术创新链出现的混沌分岔现象。如图 5 – 6 ～图 5 – 8 所示，随 K 值的增大，相对成果数会在短时间内出现激增现象，而后稳定于两点间周期振动。如 $K = 3.0$ 时，相对创新成果稳定波动于 0.633 ～ 0.698；$K = 3.5$ 时，相对创新成果数稳定波动于 0.383 ～ 0.87。通过对比图 5 – 9 可以得知，$K = 3$ 是一个临界值。当 $K > 3$ 时，随 K 值的增大，技术创新链中相对创新成果数时而被促进，时而被阻碍，此时轨道交通建设工程技术创新链进入混沌状态。该现象存在于轨道交通建设工程技术创新链演化成熟与更新阶段，创新主体将重点放在技术开发和攻关中，通过前期合作形成的技术和知识积累，实现技术创新成果的进一步提升。但随着创新规模的不断增大，合作创新中也存在不符合工程建设需求与技术、知识的决策，这类决策会导致相对创新成果数呈现逐渐减少或振荡不定的趋势，对建设工程技术创新起到负面作用。因此，有可能走向成熟，也有可能走向衰败。

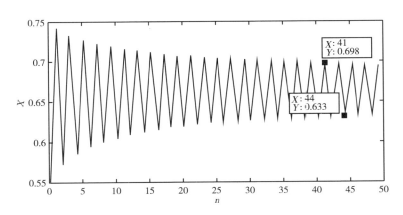

图 5 – 6　$K = 3.0$ 的技术创新链演化

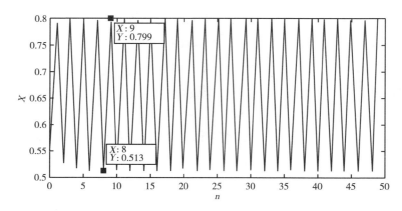

图 5 - 7 $K = 3.2$ 的技术创新链演化

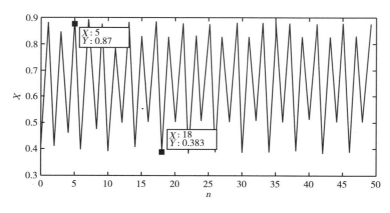

图 5 - 8 $K = 3.5$ 的技术创新链演化

5.5.2 最大李雅谱诺夫指数分析

李雅谱诺夫指数（Lyapunov）用于表征相空间相邻轨迹中平均指数发散率，常被学术界用来判断系统混沌状态。当 Lyapunov 指数 $\lambda < 0$ 时，非线性复杂系统处于稳定状态；当 Lyapunov 指数 $\lambda > 0$ 时，非线性复杂系统处于不稳定的混沌状态；当 Lyapunov 指数 $\lambda = 0$ 时，非线性复杂系统处于周期运动。

基于 5.4.1 节中系统基本假设，通过数值模拟，计算轨道交通建设工程技术创新链系统的最大李雅普诺夫指数。如图 5 - 9 所示，当 $K \in (0, 1) \cup (1, 3)$ 时，Lyapunov 指数 $\lambda < 0$；当 $K = 1, 3$ 时，Lyapunov 指数 $\lambda = 0$；当

$K > 3.570$ 时，Lyapunov 指数 $\lambda > 0$；与图 5 – 3 中轨道交通建设工程技术创新链演化轨迹相吻合，进一步验证轨道交通建设工程技术创新链演化模型准确科学性。

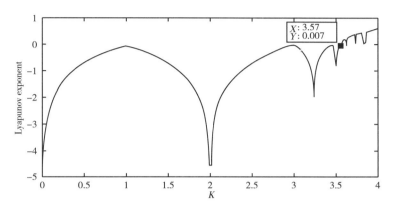

图 5 – 9　技术创新链的最大李雅普诺夫指数

5.5.3　初始值敏感依赖性分析

初始值敏感依赖性是非线性复杂系统普遍存在的混沌特性，强调初始值细微变化可能会使混沌系统长期结果相差巨大。由上文可知，当 $1 < K < 3$ 时，轨道交通建设工程技术创新链演化过程是稳定的，故任取 $K \in (1, 3)$，即取当 $K = 2.5$ 时，系统处于稳定状态。当技术创新链中第 1 代相对创新成果数取值 X 相差 0.01 时，经 100 次迭代后结果差值近为 0，如图 5 – 10 所示，且期初迭代时虽存在较小差值，经迭代约为 5 次后，差值变为 0。

而当 $K = 3.6$ 时，轨道交通建设工程技术创新链系统处于混沌状态。同样选取两初始数值 X 相差 0.01 时，经 100 次迭代后结果差值较大，如图 5 – 11 所示，当迭代到 17 次时结果就相差 0.241。由此可见，混沌系统对初始值有较大的敏感依赖性，即第 1 代相对创新成果数值对多次迭代后结果具有显著影响。这意味着轨道交通建设工程技术创新链系统处在混沌状态时，已有技术基础对新技术研发至关重要，尤其创新主体重新筛选时，须考虑创新能力强、技术水平高的主体，以免创新成果有微小差别，造成巨大反差，引起严重后果。

重大建设工程技术创新联合体形成与多视域下创新主体行为演化研究

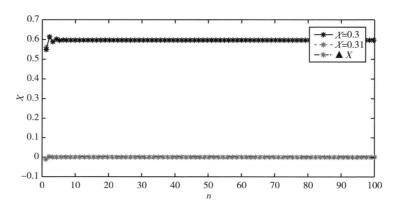

图 5 – 10　稳定状态下技术创新链对初始值的敏感依赖性

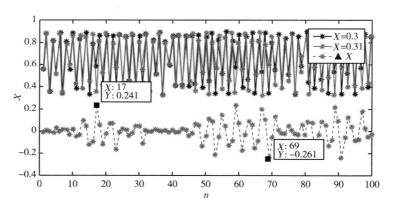

图 5 – 11　混沌状态下技术创新链对初始值的敏感依赖性

5.5.4　混沌控制

为控制轨道交通建设工程技术创新链系统出现的混沌现象，采用调整参数控制方法，具体内容见 5.4.2 节。深入研究引入的调整参数 U 对混沌系统控制作用，选取 $K = 3.6$，初始值为 $X_1 = 0.55$，此时技术创新链系统进入混沌状态，进行数值模拟分析，形象刻画参数 U 的混沌控制作用，如图 5 – 12 所示。当 $U = 0$ 时，即创新主体收益率未得到提升，意味着缺少政府政策补贴或税收减免，抑或银行贷款利息降低，此时系统仍处于混沌无序状态。随着 U

从 0 开始逐渐增大，能够明显发现混沌现象在削弱。当 U 增加到 0.24 时，随着 U 的进一步增加，系统将处于稳定状态，混沌现象控制较好。

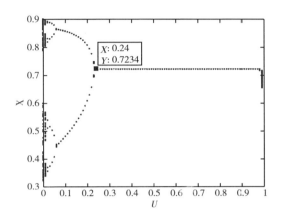

图 5 – 12　技术创新链随 U 变化的分岔

由此可见，轨道交通建设工程技术创新链的稳定状态是创新主体最期望的，然而人却是有限理性的，细微决策偏差或会导致系统进入混沌状态，例如主体创新能力弱或创新资源投入少，抑或主体间合作伙伴关系尚未形成，均会导致 K 值超过 3.6，让系统进入混沌状态，此时亟须混沌控制，以免造成危害与系统崩溃。通过加入调节参数创新主体收益率增加值，例如政府政策补贴或税收减免，抑或银行贷款利息降低，增加创新资源投入，提升创新主体学习积极性与创新能力，增强创新主体间合作伙伴关系，从而提高了创新主体收益率，在一定程度上干预该系统混沌状态，达到延缓或消除系统混沌状态，有利于轨道交通建设工程技术创新链相对创新成果数稳定增长。

5.6　小　　结

建设工程技术创新是我国重大工程取得举世瞩目成就的关键。本书从创新链视角，聚焦轨道交通建设工程，依据已有创新链的定义，结合轨道交通建设工程技术创新实践，界定轨道交通建设工程技术创新链的基本内涵，深入分析该创新链演化过程；基于混沌理论，分析轨道交通建设工程技术创新链演化的混沌特性，构建该创新链演化模型与混沌控制模型，并借助 Matlab 软件，开展数值模拟分析，进一步揭示轨道交通建设工程技术创新链演化规律，为提升轨道交通建设工程技术创新成果提供理论支撑。主要理论贡献：

（1）揭示轨道交通建设工程技术创新链演化过程。立足于创新链视角，根植于轨道交通建设工程技术创新实践，深入分析并提炼总结轨道交通建设工程技术创新链演化过程，借助虫口模型，构建轨道交通建设工程技术创新链演化模型，通过数学模型推导过程，深入揭示轨道交通建设工程创新系统演化的 3 个阶段。

（2）实现混沌理论与方法在轨道交通建设工程技术创新领域的应用。基于混沌理论，分析轨道交通建设工程技术创新链演化的混沌特性与混沌控制，并调整参数控制方法，引入调节参数，对轨道交通建设工程技术创新链演化过程中出现的混沌现象进行控制。

在实践层面，通过分析轨道交通建设工程技术创新链发生混沌时刻的临界值，模拟轨道交通建设工程技术创新链进入混沌状态后对初始值敏感依赖性，验证轨道交通建设工程技术创新链中主体创新能力、创新资源投入、主体间合作伙伴关系等非线性因素综合作用超过一定的阈值时，系统进入混沌状态。为轨道交通建设工程技术创新实践过程中合理投入创新资源、增强主体创新能力及培育主体间合作伙伴关系提供有益的实践指导价值。此外，通过构建混沌控制模型，数值模拟轨道交通建设工程技术创新链混沌控制过程，对调节轨道交通建设工程技术创新链健康发展具有重要现实意义。

在未来研究中，应结合建设工程技术创新系统演化规律，明晰其混沌特性，设计混沌控制方案。并以具体建设工程项目为样本，开展实证研究，通过项目实际数据的采集，测算建设工程技术创新效应，探索建设工程技术创新链的内外因素作用机理，深化建设工程技术创新链的研究。

第6章 供应链视域下重大建设工程供应链主体博弈决策行为演化复杂性分析及控制
——以绿色建筑材料供应链为例

"双碳"战略目标驱动建筑业转型升级，生产绿色建筑材料是低碳减排的关键途径之一，基于绿色建筑材料制造商和工程总承包为代表的零售商研究对象，考虑政府低碳补贴，针对决策主体有限理性假设，建立绿色建筑材料二级供应链斯塔克尔伯格模型，采用逆向归纳法分析动态博弈下的绿色建筑材料供应链主体决策行为。利用 Matlab 软件进行仿真模拟，研究发现，绿色建筑材料供应链主体决策稳定有助于供应链系统处于稳定状态；合理的低碳技术补贴标准促进建筑材料绿色度最大化的实现；此外，绿色建筑材料供应链主体决策变量调整系数较大时，会使供应链系统陷入混沌无序状态；最后，借助延迟反馈控制方法有效控制混沌现象。研究结论为实现"双碳"目标和建筑业绿色发展，同时为政府制定激励绿色建筑材料推广相关政策提供参考价值。

6.1 问题提出

人类活动引起的全球气候变暖引发一系列环境问题，严重威胁了人类的生存与发展。为减缓全球变暖速度，减少温室气体排放，各国政府积极响应联合国和其他多边组织的号召，相继作出"碳中和"承诺（Salvia et al.，2021）。中国作为全球最大的碳排放国，曾向世界作出庄严承诺，"中国将加大国家自主贡献力度，采取更加有力的政策和措施，二氧化碳排放力争于 2030 年前达到峰值，努力争取 2060 年前实现碳中和"，展现负责任大国担当（Li et al.，2020；Wang et al.，2021）。建筑行业作为碳排放的重点行业，其节能减排、低碳转型是我国实现"双碳"目标的关键一环（Chi et al.，2021；Sun et al.，2022）。近年来，我国已充分认识到建筑业节能减排的巨大潜力以及减少建筑业碳排放量的重要性，加快建筑业转型升级，实现低碳绿色发展刻不容缓。

建筑全生命周期碳排放主要源于建材生产和建筑运行两个阶段（Chen et al.，2019），水泥、混凝土、玻璃、钢筋等建筑材料在生产和建设过程中会产生大量污染。因此，推广绿色建筑材料具有十分重要的现实意义和社会效益（Khoshnava et al.，2018；Bheel et al.，2022）。绿色建筑材料是实现建筑低碳发展的基础，起到引领性和支撑性的作用。发展绿色建筑材料实质就是大力推进建材生产和建材产品的绿色化进程，推动传统建材行业的技术改造和产品的升级换代，在最大限度上节约资源、保护环境、减少建筑过程对环境和人类健康造成的危害（Orsini & Marrone，2019；Omer & Noguchi，2020）。在我国，绿色建筑材料的推广与发展得益于政府的扶持，不仅颁布各项规章制度完善绿色建筑材料认证，推进绿色建筑材料生产，还出台了各种补贴政策，例如财政补贴、税收优惠等支持绿色建筑材料的应用与推广（Yin et al.，2019；Zhan et al.，2020）。在政策驱动和市场引领下，绿色建筑材料迎来高速发展的黄金期，同时也对建材企业提出绿色创新的高要求。在建材企业供应链管理中增加对绿色创新活动的管理变得尤为重要（Yao & Shao，2022）。考虑政府通过补贴建筑材料制造商促使其投资绿色建筑材料技术研发，生产绿色建筑材料，试图回答以下问题：（1）对建筑材料制造商来说，如何进行绿色建筑材料技术研发投入实现最优创新产出？（2）政府如何制定合适的技术补贴标准，才能促进制造商实现最优绿色材料产出？（3）在长期动态重复博弈过程中，产品价格将如何演变？稳定域会发生什么情况？以及通过什么方式能控制混乱？

6.2　文献梳理

20 世纪 70 年代，发达国家就开始研究建筑材料对室内空气质量的影响及其对人体健康的危害。我国在 1992 年也将保护环境、发展绿色产品作为可持续发展战略的重要内容。在倡导绿色可持续发展的今天，高污染、高耗能的传统建筑材料已不再适合，建筑材料"绿色化"是必然趋势（Krueger et al.，2019；Khoshnava et al.，2020）。国内外学者开始关注建筑材料在绿色与环保方面的标准，并探究绿色建筑材料在工程建设中的应用及其影响。通过对比绿色混凝土材料与传统混凝土材料的能源消耗和碳排放，发现绿色混凝土材料能够实现更多的绿色效益（Marey et al.，2022）。植物混凝土作为目前关注最多的绿色建筑材料之一，是绿色建筑应用的理想选择（Jami et al.，2019）。在绿色建筑材料选择方面，沈等（Shen et al.，2019）研究了竹材料作为天然绿色材料在建筑行业的好处，而基于多准则决策模型，可以在绿色建筑材料选择过程中为建筑行业实现自身利益提供借鉴（Al-Atesh et al.，2021）。作为无处不在的建筑材料，其绿色环保程度对人类健康和环境保护起到关键作用，因此对材料进行质量认证（Zhang et al.，2021）和节能优化设计（Liu & Guo，2021），能够有效减少建筑材料对人类健康和环境的不利影响，实现建筑行业绿色发展。

随着信息技术的发展和社会分工的细化，企业间掀起"横向一体化"的供应链管理热潮。与此同时，供货网络的日益复杂和社会各界对环境绩效的重视，又使企业不断寻找新的供应链模式，以弥补传统供应链在环境绩效上的不足，绿色供应链应运而生。在有关建筑行业绿色供应链管理研究中，建材企业绿色供应链管理是学者们研究的重点。威博沃等（Wibowo et al.，2018）提出了一个在建筑行业实施绿色供应链管理的概念框架，有助于行业制定绿色供应链管理标准，同时加强绿色建筑材料供应链管理能够有效减少建材供应链中的能源消耗和污染（Xia et al.，2020）。而如何选择建筑材料则是建筑供应链管理中的重要问题，陈和阮（Chen & Nguyen，2019）提出一种集成 BIM 和 Web 地图服务的决策工具，为可持续建筑材料的选择提供帮助。姜等（Jiang et al.，2021）采用博弈论方法研究预制建筑供应链中制造商和装配商的定价、订购和减排决策。在考虑绿色建筑材料回收因素下，谭等（Tan et al.，2022）构建包含承包商、回收商和制造商的三级供应链，利用博弈论分析有无政府干预下的最优决策问题。基于因子分析与回归分析，朱和徐（Zhu & Xu，2019）对 245 家建材企业展开调查，研究政府监管、消费者压力以及供应商和经销商压力对建材企业绿色供应链管理的影响，并从管理者、政府和消费者角度提出提高建材企业绿色供应链管理水平的建议。

在促进绿色建筑材料的推广和发展过程中，政府发挥了关键作用。以往研究表明，政府补贴能够影响供应链成员的决策，促进供应链企业加大绿色技术创新投资，提高绿色技术水平，开发绿色产品，促进供应链的健康发展（Sinayi & Rasti-Barzoki，2018；Giri et al.，2019；Li et al.，2021）。尹等（Yin et al.，2019）通过研究发现，政府对绿色建筑材料企业的绿色创新补贴、对绿色建筑开发商的税收优惠以及对绿色建筑消费者的购买补贴，有助于促进绿色生产和消费观念的转变。詹等（Zhan et al.，2020）构建一个闭环供应链，研究考虑政府财政干预的绿色创新投资，结果表明政府补贴可以提高制造商的利润，鼓励回收旧产品，并且适当的补贴水平有助于维持系统的稳定性。苏等（Su et al.，2020）构建了由一个制造商和一个零售商组成的绿色供应链，研究在两种政府补贴形式下不同权力结构的供应链的定价与减排决策，并分析政府补贴系数对最优决策结果的影响。陈等（Chen et al.，2021）以政府和建筑利益相关者为博弈双方，建立具有政府补贴的演化博弈模型，研究政府政策如何正向激励绿色建筑技术的采用。何等（He et al.，2021）从长期和动态运行的角度构建了政府参与下由开发商和承包商组成的供应链博弈模型，分析非政府补贴、一次性政府补贴和单位政府补贴下绿色建筑供应链主体的行为决策。杜等（Du et al.，2022）研究由开发商和总承包商组成的双层预制建筑供应链，提出一个 Stackelberg 博弈模型，探究政府补贴对预制建筑供应链预制决策的影响，为装配式建筑企业和政府在预制层面提供参考意见。

综上所述，现有文献主要对绿色建筑材料的应用及其供应链管理展开研究，较多采用博弈论方法研究供应链中的最优决策问题，并且将政府补贴作为影响供应链中成员决策的关键因素。但未考虑到供应链中决策主体的决策阶段是一个动态过程，同时决策主体受限于信息的不完整性而只能具有有限理性，系统的稳定性受到供应链成员决策调整的影响。因此，基于博弈理论和非线性动力学理论，以政府、制造商、零售商、消费者组成的绿色建筑材料供应链为研究对象，探究绿色建筑材料供应链主体动态博弈决策复杂性问题，促进绿色建筑材料供应链系统协调发展，有助于推动建筑业实现节能减排，为政府制定激励绿色建筑材料推广相关政策提供参考价值。

6.3　问题描述与模型构建

6.3.1　问题描述

"双碳"目标为我国绿色发展注入新动力，建筑业作为碳减排的重点领域，深刻影响"双碳"目标达成度。绿色建筑材料是实现建筑业低碳发展的基础。政府作为节能减排的政策制定者，通过对建筑材料制造商绿色技术创新进行补贴，激发制造商企业转型升级，投资相关绿色技术，生产绿色建筑材料。基于绿色建筑 EPC 工程总承包模式，工程总承包商采购的绿色建筑材料物资需求，可由多个绿色建筑材料制造商提供，绿色材料制造商为响应政府要求和提升竞争力，进行绿色建筑材料技术研发的投入。为简化实际复杂情境，选取两个绿色建筑材料制造商（供应商），一个零售商（工程总承包商）组成二级供应链系统。

6.3.2　基本假设与模型构建

（1）基本假设。

①假设 M_i 表示绿色建筑材料制造商，且 $i = 1$，2 分别表示不同制造商。该两个绿色建筑材料制造商可生产两种同质绿色建筑材料，同质产品相互替代性用 ε 表示。ε 取值范围在（0，1），ε 趋向于 1 时，表示两种绿色建筑材料替代程度大；反之，趋向于 0 时，表示两种绿色建筑材料替代性小。且两种绿色建筑材料的批发价格分别为 w_1 和 w_2；生产该两种绿色建筑材料的单位成本分别为 c_1 和 c_2。

②假设建筑市场绿色材料供应链中开发商或建设单位为消费者，且消费者仅从零售商（工程总承包商）处购买绿色建筑材料，消费者对绿色建筑材料需求是线性的，且消费者更偏向于价格较低和绿色指数高的产品，引用 α 来表示消费者对该两种绿色建筑材料价格差敏感系数，δ 表示消费者对该两种

绿色建筑材料绿色指数的敏感系数，p_1 和 p_2 分别表示两种材料的零售价格。

③假设政府通过绿色技术补贴鼓励制造商生产绿色建筑材料并制定补贴标准，且补贴金额是关于制造商绿色技术产出 g_i 和补贴标准 g_0 的二次函数为 $\theta(g_i - g_0)^2$，其中，θ 表示政府对制造商企业绿色技术创新的补贴水平，θ 越大则制造商将从政府获得补贴越多；g_0 为基准绿色指数，是政府制定的补贴标准，制造商只有在 $g_i > g_0$ 时才能得到政府补贴，$g_i - g_0$ 值越大，政府补贴越多，且假设 $g_i > g_0$，代表两制造商生产的绿色建筑材料均获得政府补贴。

④假设绿色建筑材料制造商和零售商（工程总承包商）是有限理性的，建筑材料的绿色指标由第三方机构认证披露，成本为零。同时，为简化模型，忽略零售商（工程总承包商）与存货持有、存货短缺和运输等相关的成本。

（2）模型构建。基于以上基本假设，提出两个绿色建筑材料制造商分别生产的两种绿色建筑材料在第 t 时段的需求函数模型如式（6-1）所示，其中，a_i 表示制造商 M_i 所生产绿色建筑材料的市场容量。

$$\begin{cases} q_1(t) = a_1 - \alpha[p_1(t) - \varepsilon p_2(t)] + \delta[g_1(t) - \varepsilon g_2(t)] \\ q_2(t) = a_2 - \alpha[p_2(t) - \varepsilon p_1(t)] + \delta[g_2(t) - \varepsilon g_1(t)] \end{cases} \qquad (6-1)$$

为回应政府绿色技术补贴激励，绿色建筑材料制造商通过绿色技术研发投入提高该产品的绿色指数。考虑绿色技术研发投资的边际递减效应，制造商投资金额为 γg_i^2，其中，γ 表示投资效率。综合以上考虑，绿色建筑材料制造商和绿色建筑材料零售商在第 t 时段的利润函数模型分别如式（6-2）~式（6-4）所示。

$$\pi_1(t) = [w_1(t) - c_1]q_1(t) - \gamma g_1^2 + \theta(g_1 - g_0)^2 \qquad (6-2)$$

$$\pi_2(t) = [w_2(t) - c_2]q_2(t) - \gamma g_2^2 + \theta(g_2 - g_0)^2 \qquad (6-3)$$

$$\pi_R(t) = [p_1(t) - w_1(t)]q_1(t) + [p_2(t) - w_2(t)]q_2(t) \qquad (6-4)$$

6.4　模型分析

6.4.1　系统稳定点及稳定性分析

根据上文所述，绿色建筑材料制造商是双寡头垄断企业，如在中国绿色材料建筑市场中，选取中国建材集团有限公司和安徽海螺集团有限责任公司，两大综合性建材企业，是 2020 年中国建材企业 500 强排名前 2 的企业，均有绿色建筑材料生产基地，且两者生产材料具有一定的替代性，并在市场中发挥着主导作用，因此由其决定绿色技术研发投资额和批发价格；在市场中，以工程总承包商为零售商处在供应链的较弱位置，因此，工程总承包商服从于绿色材料制造商决定零售价格。绿色建筑材料制造商和工程总承包商之间形成斯坦克尔伯格博弈，采用逆向归纳法分析模型，依照上文所叙述的顺序，首先考虑零售商，对式（6-4），对 $p_1(t)$、$p_2(t)$ 求一阶偏导可得一阶偏导数为：

$$
\begin{cases}
\dfrac{\partial \pi_R(t)}{\partial p_1(t)} = a_1 + \alpha\varepsilon[p_2(t) - w_2(t)] + \delta(g_1 - \varepsilon g_2) - \alpha[p_1(t) \\
\qquad\qquad - w_1(t)] - \alpha[p_1(t) - \varepsilon p_2(t)] \\
\dfrac{\partial \pi_R(t)}{\partial p_2(t)} = a_2 + \alpha\varepsilon[p_1(t) - w_1(t)] + \delta(g_2 - \varepsilon g_1) - \alpha[p_2(t) \\
\qquad\qquad - w_2(t)] - \alpha[p_2(t) - \varepsilon p_1(t)]
\end{cases}
\tag{6-5}
$$

依据利润最大化，为求第 t 期的均衡价格和零售价格，令 $\dfrac{\partial \pi_R(t)}{\partial p_1(t)} = 0$，

$\dfrac{\partial \pi_R(t)}{\partial p_2(t)} = 0$ 可以得到 $(p_1(t)^*, p_2(t)^*)$，具体如式（6-6）、式（6-7）所示。

$$
p_1(t)^* = \frac{\alpha w_1(t) + a_2 + \delta g_2 + \varepsilon a_2 - \alpha\varepsilon^2 w_1(t) - \delta\varepsilon^2 g_1}{2\alpha(1 - \varepsilon^2)}
\tag{6-6}
$$

$$
p_2(t)^* = \frac{\alpha w_2(t) + a_2 + \delta g_2 + \varepsilon a_1 - \alpha\varepsilon^2 w_2(t) - \delta\varepsilon^2 g_2}{2\alpha(1 - \varepsilon^2)}
\tag{6-7}
$$

对式（6-4）分别求关于 $p_1(t)$、$p_2(t)$ 的二阶偏导数，可以得到二阶偏导数小于零，即 $(p_1(t)^*, p_2(t)^*)$ 是极大值也是最大值点。将式（6-6）和式（6-7）代入式（6-2）、式（6-3）中，分别求关于 $w_1(t)$、$w_2(t)$ 的一阶偏导，可以得到：

$$\begin{cases} \dfrac{\partial \pi_1(t)}{\partial w_1(t)} = \dfrac{1}{2}\left[a_1 + \delta(g_1 - \varepsilon g_2) + \alpha(c_1 - 2w_1(t) + \varepsilon w_2(t)) \right] \\ \dfrac{\partial \pi_2(t)}{\partial w_2(t)} = \dfrac{1}{2}\left[a_2 + \delta(g_2 - \varepsilon g_1) + \alpha(c_2 - 2w_2(t) + \varepsilon w_1(t)) \right] \end{cases} \tag{6-8}$$

在现实中，博弈是一个长期的、动态的过程，每个制造商都会根据一个周期内的收益情况来调整下一周期内的决策。一般情况下，绿色建筑材料制造商和工程总承包商均不能充分把握市场信息，基于绿色建筑材料制造商和工程总承包商是有限理性的假设，他们会根据所生产产品的价格和一周期内的边际利润决定下一周期的产品价格。因此，模型引入决策变量调整系数 $v_i(i=1,2,3,4)$，在长期重复博弈过程中，可以得到绿色建筑材料制造商和工程总承包商决策的四维离散动力系统：

$$\begin{cases} w_1(t+1) = w_1(t) + v_1 w_1(t)\left(\dfrac{1}{2}(a_1 + \delta(g_1 - \varepsilon g_2) + \alpha(c_1 - 2w_1(t) + \varepsilon w_2(t))) \right) \\ w_2(t+1) = w_2(t) + v_2 w_2(t)\left(\dfrac{1}{2}(a_2 + \delta(g_2 - \varepsilon g_1) + \alpha(c_2 - 2w_2(t) + \varepsilon w_1(t))) \right) \\ p_1(t+1) = p_1(t) + v_3 p_1(t)\left(\begin{array}{l} a_1 + \alpha\varepsilon(p_2(t) - w_2(t+1)) + \delta(g_1 - \varepsilon g_1) \\ - \alpha(p_1(t) - w_1(t+1)) - \alpha(p_1(t) - \varepsilon p_2(t)) \end{array} \right) \\ p_2(t+1) = p_2(t) + v_3 p_2(t)\left(\begin{array}{l} a_2 + \alpha\varepsilon(p_1(t) - w_1(t+1)) + \delta(g_2 - \varepsilon g_1) \\ - \alpha(p_2(t) - w_2(t+1)) - \alpha(p_2(t) - \varepsilon p_1(t)) \end{array} \right) \end{cases} \tag{6-9}$$

为了分析系统平衡点的稳定性，首先需要计算雅可比矩阵，上述离散系统的雅可比矩阵 J 可表示为式（6-10）：

$$J = \begin{bmatrix} J_{11} & J_{12} & 0 & 0 \\ J_{21} & J_{22} & 0 & 0 \\ J_{31} & J_{32} & J_{33} & J_{34} \\ J_{41} & J_{42} & J_{43} & J_{44} \end{bmatrix} \tag{6-10}$$

命题 1 当绿色建筑材料制造商和工程总承包商的决策稳定时，整个供应链模型稳定。

证明：由 Jury 稳定性判别依据可知，系统的稳定性由特征根是否落在平面单位圆内来判定。雅可比矩阵 J 的特征方程表示为如式（6 – 11）所示：

$$|\lambda E - J| = \begin{vmatrix} \lambda - J_{11} & - J_{12} & 0 & 0 \\ - J_{21} & \lambda - J_{22} & 0 & 0 \\ - J_{31} & - J_{32} & \lambda - J_{33} & - J_{34} \\ - J_{41} & - J_{42} & - J_{43} & \lambda - J_{44} \end{vmatrix} = 0 \qquad (6-11)$$

根据分块矩阵行列式，可以得到式（6 – 12）：

$$\begin{vmatrix} \lambda - J_{11} & - J_{12} \\ - J_{21} & \lambda - J_{22} \end{vmatrix} \begin{vmatrix} \lambda - J_{33} & - J_{34} \\ - J_{43} & \lambda - J_{44} \end{vmatrix} = 0 \qquad (6-12)$$

由式（6 – 12）可以看出，模型定价问题可分为绿色建筑材料制造商定价决策和工程总承包商定价决策两个方面。绿色建筑材料制造商和工程总承包商的决策过程如下所示：

$$\begin{cases} w_1(t+1) = w_1(t) + v_1 w_1(t) \left(\dfrac{1}{2} \left(a_1 + \delta(g_1 - \varepsilon g_2) + \alpha(c_1 - 2w_1(t) + \varepsilon w_2(t)) \right) \right) \\ w_2(t+1) = w_2(t) + v_2 w_2(t) \left(\dfrac{1}{2} \left(a_2 + \delta(g_2 - \varepsilon g_1) + \alpha(c_2 - 2w_2(t) + \varepsilon w_1(t)) \right) \right) \end{cases}$$

$$\qquad (6-13)$$

$$\begin{cases} p_1(t+1) = p_1(t) + v_1 p_1(t) \left(\begin{matrix} a_1 + \alpha\varepsilon(p_2(t) - w_2(t+1)) + \delta(g_1 - \varepsilon g_2) \\ - \alpha(p_1(t) - w_1(t+1)) - \alpha(p_1(t) - \varepsilon p_2(t)) \end{matrix} \right) \\ p_2(t+1) = p_2(t) + v_3 p_2(t) \left(\begin{matrix} a_2 + \alpha\varepsilon(p_1(t) - w_1(t+1)) + \delta(g_2 - \varepsilon g_1) \\ - \alpha(p_2(t) - w_2(t+1)) - \alpha(p_2(t) - \varepsilon p_1(t)) \end{matrix} \right) \end{cases}$$

$$\qquad (6-14)$$

当绿色建筑材料制造商的决策达到稳定并得到均衡点时，工程总承包商根据绿色建筑材料制造商的决策结果进行决策并得到均衡点。雅可比矩阵的特征方程即式（6 – 11）中的两个矩阵特征根落在单位圆内，整个系统稳定。

6.4.2　绿色建筑材料供应链主体博弈决策

（1）绿色材料制造商博弈决策。基于命题 1 及证明，首先考虑绿色建筑材料制造商定价决策过程。令式（6-13）中的 $w_i(t+1) = w_i(t)$，$i=1$，2，可以得到四个不动点。在经济学中，决策者是不允许自己选择一个零值的决策变量，因此不动点中排除 $w_i^* = 0$ 的情况，由此可以得到绿色建筑材料制造商定价的唯一均衡点 (w_1^*, w_2^*)，具体如下所示。

$$w_1^* = \frac{2\alpha c_1 + 2a_1 + \delta g_1 + \alpha\varepsilon c_2 + \varepsilon a_2 - \varepsilon\delta g_2 - \varepsilon^2\delta g_1}{4\alpha - \alpha\varepsilon^2} \quad (6-15)$$

$$w_2^* = \frac{2\alpha c_2 + 2a_2 + \delta g_2 + \alpha\varepsilon c_1 + \varepsilon a_1 - \varepsilon\delta g_1 - \varepsilon^2\delta g_2}{4\alpha - \alpha\varepsilon^2} \quad (6-16)$$

该模型的雅可比矩阵可以表示为式（6-17）：

$$J_1 = \begin{bmatrix} J_{11} & \frac{1}{2}\alpha\varepsilon v_1 w_1 \\ \frac{1}{2}\alpha\varepsilon v_2 w_2 & J_{22} \end{bmatrix} \quad (6-17)$$

其中：

$$J_{11} = 1 - \alpha v_1 w_1 + \frac{1}{2}v_1[a_1 + \delta(g_1 - \varepsilon g_2) + \alpha(c_1 - 2w_1 + \varepsilon w_2)]$$

$$J_{22} = 1 - \alpha v_2 w_2 + \frac{1}{2}v_2[a_2 + \delta(g_2 - \varepsilon g_1) + \alpha(c_2 - 2w_2 + \varepsilon w_1)]$$

为使结论不失一般性，依据现实实际，对模型参数进行赋值处理以检验模型的稳定性，数值只表示两者之间的相对大小关系，具体数值如表6-1所示。

表6-1　　　　　　　　　　　　相关参数赋值

参数	a_1	a_2	α	ε	δ	g_1	g_2	c_1	c_2
数值	9	7	1.5	0.5	1	5	3	2	1.5

根据上述相关参数值可以得到模型的均衡点（7.00，5.64）。为了考察系统是否处于稳定状态，由式（6-17）可以得到 J_1 的特征方程为：

$$F_1(\lambda) = \lambda^2 + A\lambda + B \quad (6-18)$$

其中：

$$A = 11.135v_1 + 9.42v_2 - 2$$
$$B = 99.3398v_1v_2 - 11.135v_1 - 9.42v_2 + 1$$

根据 Jury 判据，系统处于稳定状态需满足以下条件：

$$\begin{cases} F_1(0) = 99.3398v_1v_2 - 11.135v_t - 9.42v_2 + 1 < 1 \\ F_1(1) = 99.3398v_1v_2 > 0 \\ F_1(-1) = 4 + 99.3398v_1v_2 - 22.27v_1 - 18.84v_2 > 0 \end{cases} \quad (6-19)$$

式（6-19）是绿色建筑材料制造商在长期博弈后达到稳定状态时，批发价格调整系数的约束条件。根据式（6-19）可以得到关于调整系数 v_1，v_2 的稳定域，如图 6-1 所示。

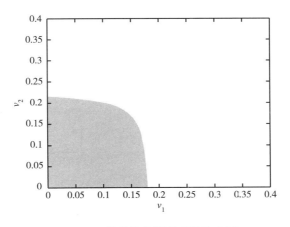

图 6-1　批发价格调整系数稳定域

（2）工程总承包商博弈决策。基于命题 1，当绿色建筑材料制造商的批发价格达到决策稳定并得到平衡点时，工程总承包商依据绿色建筑材料制造商的定价决策来决定零售价格定价并得到均衡点，所以将 (w_1^*, w_2^*) 代入式（6-14）计算出工程总承包商定价决策的均衡点。根据 6.4.1 节中所述，同样排除 $p_i^* = 0$ 的情形，得到工程总承包商定价决策的唯一均衡点 (p^*, p_2^*)，具体如下所示。

$$p_1^* = -\frac{1}{2\alpha(\varepsilon^2 - 4)(\varepsilon^2 - 1)}\begin{pmatrix} -6\delta g_1 - 5\varepsilon a_2 + \varepsilon\delta g_2 + 8\varepsilon\varepsilon^2 g_1 + 2a_2\varepsilon^3 - \delta\varepsilon^3 g_2 \\ -2\delta\varepsilon^4 g_1 + 3a_1(\varepsilon^2 - 2) + \alpha(2c_1 + \varepsilon c_2)(\varepsilon^2 - 1) \end{pmatrix}$$

$$(6-20)$$

— 71 —

$$p_2^* = -\frac{1}{2\alpha(\varepsilon^2-4)(\varepsilon^2-1)}\begin{pmatrix} -6\delta g_2 - 5\varepsilon a_1 + \varepsilon\delta g_1 + 8\delta\varepsilon^2 g_2 + 2a_1\varepsilon^3 - \delta\varepsilon^3 g_1 \\ -2\delta\varepsilon^4 g_2 + 3a_2(\varepsilon^2-2) + \alpha(2c_2+\varepsilon c_1)(\varepsilon^2-1) \end{pmatrix}$$

$$(6-21)$$

由于计算过程与 6.4.2 节中批发价格定价策略类似，因此部分计算过程不再重复。本节仍使用表 6-1 中的相关参数数值对模型进行分析，由此可得到工程总承包商的唯一零售价格均衡点 $(p_1^*, p_2^*) = (10.31, 8.63)$，同样根据 Jury 稳定性判断准则，工程总承包商在长期重复博弈达到稳定时，零售价格调整系数 v_3，v_4 的稳定域如图 6-2 所示。

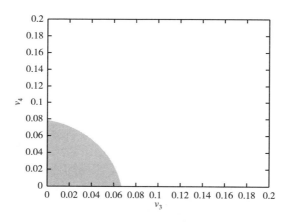

图 6-2　零售价格调整系数稳定域

6.4.3　政府制定绿色技术补贴的决策分析

由上文基本假设得知，政府为了达到节能减排的目标，通过制定绿色技术相关补贴政策激励制造商生产绿色建筑材料，并且规定了基准绿色指数。从绿色建筑材料制造商的角度看，为了响应政府的号召、应对市场竞争压力、顺应消费者偏好，绿色建筑材料制造商对建筑材料生产过程进行绿色技术投资，并决定投资金额 γg_i^2，投资金额的大小取决于建筑材料绿色技术产出。通过分析相关价格与绿色指数之间的关系，能够得出以下结论。

命题 2　绿色建筑材料的均衡批发价格、均衡零售价格都可以表示成关于绿色技术产出的函数。

证明：由上文求解出的均衡批发价格、均衡零售价格表达式可得：

$$w_1^* = \frac{(2-\varepsilon^2)\delta}{4\alpha-\alpha\varepsilon^2}g_1 - \frac{\varepsilon\delta}{4\alpha-\alpha\varepsilon^2}g_2 + \frac{2\alpha c_1 + 2a_1 + \alpha\varepsilon c_2 + \varepsilon a_2}{4\alpha-\alpha\varepsilon^2} \qquad (6-22)$$

$$w_2^* = \frac{-\varepsilon\delta}{4\alpha-\alpha\varepsilon^2}g_1 + \frac{(2-\varepsilon^2)\delta}{4\alpha-\alpha\varepsilon^2}g_2 + \frac{2\alpha c_2 + 2a_2 + \alpha\varepsilon c_1 + \varepsilon a_1}{4\alpha-\alpha\varepsilon^2} \qquad (6-23)$$

$$p_1^* = \frac{\delta(\varepsilon^2-3)}{\alpha(\varepsilon^2-4)}g_1 + \frac{\delta\varepsilon}{2\alpha(\varepsilon^2-4)}g_2$$
$$+ \frac{5\varepsilon a_2 - 2a_2\varepsilon^3 - 3a_1(\varepsilon^2-2) - \alpha(2c_1+\varepsilon c_2)(\varepsilon^2-1)}{2\alpha(\varepsilon^2-4)(\varepsilon^2-1)} \qquad (6-24)$$

$$p_2^* = \frac{\delta\varepsilon}{2\alpha(\varepsilon^2-4)}g_1 + \frac{\delta(\varepsilon^2-3)}{\alpha(\varepsilon^2-4)}g_2$$
$$+ \frac{5\varepsilon a_1 - 2a_1\varepsilon^3 - 3a_2(\varepsilon^2-2) - \alpha(2c_2+\varepsilon c_1)(\varepsilon^2-1)}{2\alpha(\varepsilon^2-4)(\varepsilon^2-1)} \qquad (6-25)$$

由命题 2 中的证明可以看出，在其他条件不变时，w_1^*，p_1^* 的值随着 g_1 的增加而增加，随着 g_2 的增加而减少；同理，w_2^*，p_2^* 的值随着 g_1 的增加而减少，随着 g_2 的增加而增加。若将建筑材料绿色技术产出视为绿色建筑材料制造商的核心竞争力，当市场内其他绿色建筑材料制造商有很高的绿色产出时，自身产品定价将处于劣势，即两种绿色建筑材料在市场中是竞争关系。

为了进一步地分析两绿色建筑材料制造商的均衡绿色技术产出，将式（6-22）~式（6-25）代入式（6-2）和式（6-4）中，对 g_1，g_2 求一阶偏导数，并令其为零，可以得到两个制造商绿色技术产出均衡点 (g_1^*, g_2^*)，具体如下所示。

$$g_1^* = \frac{2\alpha\theta(\varepsilon-2)^2(\varepsilon+2)}{\delta^2(2-8\varepsilon+4\varepsilon^2+3\varepsilon^3-2\varepsilon^4) + 2\alpha(\varepsilon-2)^2(\varepsilon+2)(\theta-\gamma)}g_0 + A$$
$$(6-26)$$

$$g_2^* = \frac{2\alpha\theta(\varepsilon-2)^2(\varepsilon+2)}{\delta^2(2-8\varepsilon+4\varepsilon^2+3\varepsilon^3-2\varepsilon^4) + 2\alpha(\varepsilon-2)^2(\varepsilon+2)(\theta-\gamma)}g_0 + B$$
$$(6-27)$$

其中，A，B 可视为不含有 θ 和 γ 常数。

命题 3 制造商生产绿色建筑材料的绿色技术产出 g_1^*，g_2^* 关于基准绿色指数 g_0 的单调性视具体情况而定。

证明：由式（6-26）、式（6-27）可得，当 $\theta - \gamma > \dfrac{\delta^2(2\varepsilon^4 - 3\varepsilon^3 - 4\varepsilon^2 + 8\varepsilon - 2)}{2\alpha(\varepsilon-2)^2(\varepsilon+2)}$，$g_1^*$，$g_2^*$ 是关于政府制定的基准绿色指数 g_0 的增函数，即两种建筑材料的绿色技术产出 g_1^*，g_2^* 随着基准绿色指数 g_0 的增加而增加；同理，当 g_1^*，g_2^* 是关于政府制定的基准绿色指数 g_0 的减函数时，均衡绿色指数 g_1^*，g_2^* 随着基准绿色指数 g_0 的增加而减少。

根据命题 3 的结论，政府为了更好地促进绿色建筑材料制造商投资绿色技术，不能采取太严格的补贴标准，在制造商利润没有得到确保之前，不会对相关政策作出积极的反应，因此为了实现绿色生产、达到节能减排的目标需要制定合理的政府技术补贴水平。

6.5 仿真模拟

为了进一步地验证系统的稳定性及相关参数对系统稳定域的影响，仍选取表 6-1 中相关参数数值并令 $\theta = 1.3$，$\gamma = 0.8$，通过利用 Matlab 仿真软件模拟系统在长期博弈中的稳定性及其动态变化。

6.5.1 决策主体调整系数对系统稳定性的影响

（1）调整系数 v_2 对系统稳定性的影响。为探究制造商调整系数对系统稳定性的影响，假设 $v_1 = 0.20$，$v_3 = 0.04$，$v_4 = 0.05$ 来刻画绿色建筑材料制造商和工程总承包商决策系统的动态演化过程，具体如图 6-3 ~ 图 6-5 所示。

图 6-3 描述了批发价格随调整系数 v_2 变化的动态图，黑色线条表示绿色建筑材料制造商 1 的价格决策；图 6-4 描述了零售价格随调整系数 v_2 变化的动态图，黑色线条表示价格决策 p_1。从图中可以看到，当调整系数 v_2 很小时，系统存在一个稳定的批发价格和零售价格，随着 v_2 的逐渐增大，稳定的价格开始出现倍周期分岔现象，且分岔状态持续越来越短，系统从稳定状态

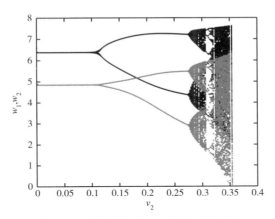

图 6 - 3　批发价格随 v_2 变化的动态图

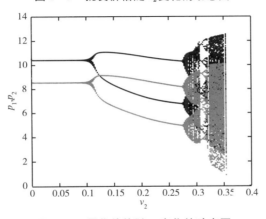

图 6 - 4　零售价格随 v_2 变化的动态图

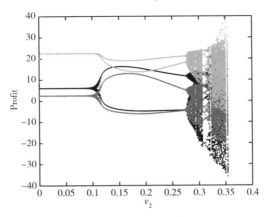

图 6 - 5　供应链成员利润随 v_2 变化的动态图

经由分岔最终陷入混沌状态。由此可以看出，当绿色建筑材料制造商2生产的绿色建筑材料批发价格动态调整幅度过大时，绿色建筑材料制造商决策系统和工程总承包商决策系统均出现复杂的动态过程，最终进入混沌状态。

图6-5显示了绿色建筑材料制造商和工程总承包商利润随调整系数v_2变化的动态图，其中，黑色线条表示绿色建筑材料制造商1的利润；浅灰色线条表示工程总承包商的利润。如上所述，各供应链成员的利润也经倍周期分岔最终陷入混沌状态，在混沌状态下，绿色建筑材料制造商、工程总承包商的定价策略及利润均会出现剧烈波动，从而引发市场秩序失衡，导致市场失去良性竞争。

（2）调整系数v_3对系统稳定性的影响。在其他条件不变的情况下，假设$v_1 = 0.1$，$v_2 = 0.1$，$v_4 = 0.04$来分析工程总承包商的价格调整系数v_3对绿色建筑材料制造商和工程总承包商决策系统的影响，具体如图6-6~图6-8所示。各线条颜色所示含义同上文所述。

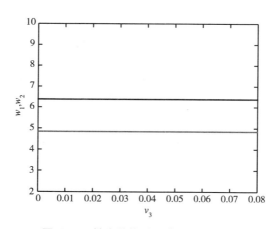

图6-6 批发价格随v_3变化的动态图

图6-6显示了绿色建筑材料制造商的批发价格决策不受工程总承包商价格调整系数v_3的影响，绿色建筑材料制造商决策系统始终存在一个纳什平衡点。相反地，图6-7显示了当工程总承包商的价格调整系数v_3较小时，工程总承包商决策系统会存在一个稳定的纳什均衡点；随着调整系数v_3的逐渐增大，系统开始出现倍周期分岔现象并最终进入混沌无序状态。同样地，继续分析工程总承包商价格调整参数对系统中各供应链成员利润的影响。从图6-8中

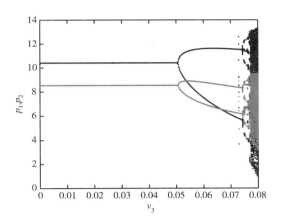

图 6 - 7　零售价格随 v_3 变化的动态图

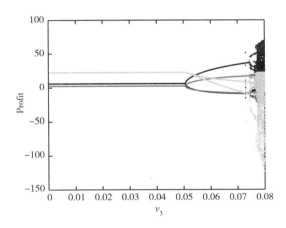

图 6 - 8　供应链成员利润随 v_3 变化的动态图

可以看出，系统中各供应链主体的利润同样经历了从稳定变至分岔，最终系统进入混沌无序状态。在混沌状态之下，供应链主体的利润出现大幅度波动，易引发市场的混乱，导致市场秩序失去良性竞争。

6.5.2　相关参数对系统稳定域的影响

上文内容研究了制造商和零售商价格调整系数对系统稳定性的影响，本节从绿色技术产出视角研究参数变化对制造商决策系统稳定域的影响。由于

g_1，g_2研究过程相似，因此本节只分析 g_1 变化对系统稳定域的影响。

基于表 6-1 相关数据和 Jury 稳定性判据，能够得到系统处于稳定状态需满足以下条件：

$$\begin{cases} \left(105.846 - \dfrac{1}{8}g_1^2 - 0.6763g_1\right)v_1v_2 - \left(13.635 - \dfrac{1}{2}g_1\right)v_1 - \left(8.17 + \dfrac{1}{4}g_1\right)v_2 < 0 \\ \left(105.846 - \dfrac{1}{8}g_1^2 - 0.6763g_1\right)v_1v_2 > 0 \\ 4 + \left(105.846 - \dfrac{1}{8}g_1^2 - 0.6763g_1\right)v_1v_2 - (27.27 - g_1)v_1 - \left(16.34 + \dfrac{1}{2}g_1\right)v_2 > 0 \end{cases}$$

$$(6-28)$$

令 g_1 的取值分别为 4、5、6，得到绿色建筑材料制造商决策系统在不同绿色技术产出下的稳定域，结果如图 6-9 所示。其中黑色区域表示 $g_1 = 4$ 时系统稳定域；深灰色区域表示 $g_1 = 5$ 时系统稳定域；浅灰色区域表示 $g_1 = 6$ 时系统稳定域。从图 6-9 中我们能够发现随着制造商 1 绿色技术产出的不断增加，绿色建筑材料制造商决策系统调整系数 v_1，v_2 稳定域在不断变化。观察可知，随着 g_1 从 4 变化到 6，制造商 1 的调整系数 v_1 稳定区间随着 g_1 的增大而增大，绿色建筑材料制造商 2 的调整系数 v_2 稳定区间随着 g_1 的增大而减小。因此我们可以得出，为了保证绿色建筑材料制造商决策系统的稳定性，绿色建筑材料制造商 1 不能一味地追求实现绿色技术产出最大化，需要绿色建筑材料制

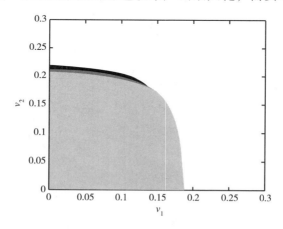

图 6-9　v_1，v_2 稳定域随 g_1 变化的示意图

造商进行协调并选取有利于双方实现利润最大化的绿色技术产出；反之，系统将容易进入混沌无序状态，破坏市场稳定。

6.5.3　混沌控制

由前文内容可知，当决策主体的调整系数不断变化并超过某一合理的阈值时，整个系统最终会进入混沌无序的状态。在混沌状态下，整个市场就会陷入复杂的混乱状态，市场中各决策主体的定价决策和利润就会变得不可预测。由于混沌现象在经济学系统中往往是有害的，需在混沌发生前对其进行预防，在混沌发生后对其加以控制，因此引入延迟反馈控制法来对混沌现象进行控制。

加入延迟反馈控制后的系统可以表示为：

$$
\begin{cases}
w_1(t+1) = w_1(t) + v_1 w_1(t)\left(\dfrac{1}{2}(a_1 + \delta(g_1 - \varepsilon g_2) + \alpha(c_1 - 2w_1(t) + \varepsilon w_2(t)))\right) \\
\qquad\qquad + v(w_1(t) - x(t)) \\
w_2(t+1) = w_2(t) + v_2 w_2(t)\left(\dfrac{1}{2}(a_2 + \delta(g_2 - \varepsilon g_1) + \alpha(c_2 - 2w_2(t) + \varepsilon w_1(t)))\right) \\
\qquad\qquad + v(w_2(t) - y(t)) \\
p_1(t+1) = p_1(t) + v_3 p_1(t)\begin{pmatrix} a_1 + \alpha\varepsilon(p_2(t) - w_2(t+1)) + \delta(g_1 - \varepsilon g_1) \\ - \alpha(p_1(t) - w_1(t+1)) - \alpha(p_1(t) - \varepsilon p_2(t)) \end{pmatrix} \\
p_2(t+1) = p_2(t) + v_3 p_2(t)\begin{pmatrix} a_2 + \alpha\varepsilon(p_1(t) - w_1(t+1)) + \delta(g_2 - \varepsilon g_1) \\ - \alpha(p_2(t) - w_2(t+1)) - \alpha(p_2(t) - \varepsilon p_1(t)) \end{pmatrix} \\
x(t+1) = w_1(t) \\
y(t+1) = w_2(t)
\end{cases}
$$

$$(6-29)$$

其中，v 表示控制因子，由图 6-3 和图 6-4 可以看出，当 $v_1 = 0.20$，$v_2 = 0.30$，$v_3 = 0.04$，$v_4 = 0.05$ 时，绿色建筑材料制造商和工程总承包商决策系统均处于混沌状态，因此，在其他条件不变的情况下，设置 $v_1 = 0.20$，$v_2 = 0.30$，$v_3 = 0.04$，

$v_4 = 0.05$ 进行数值仿真模拟，可得到绿色建筑材料制造商和工程总承包商决策系统随控制因子逐渐增大时的系统分岔图，具体如图 6 – 10 和图 6 – 11 所示。

根据图 6 – 10 和图 6 – 11 结果可以看出，在加入控制因子后系统的混沌现象得到了有效的控制。具体表现为：在控制因子逐渐增大的过程中，绿色建筑材料制造商和工程总承包商决策系统由混沌经由分岔最终回归稳定状态。仿真结果表明，延迟控制对混沌系统而言是一种有效方法，绿色建筑材料制造商和工程总承包商可以将这种方法应用于价格决策。

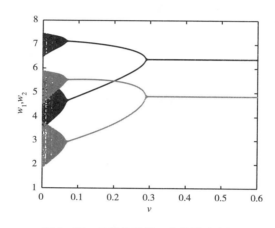

图 6 – 10   批发价格随 v 变化的动态图

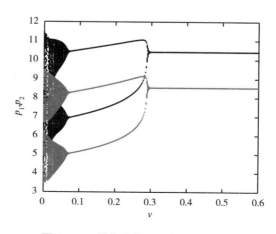

图 6 – 11   零售价格随 v 变化的动态图

6.6　小　　结

本章构建了由绿色建筑材料制造商和工程总承包商组成的二级供应链系统，其中，绿色建筑材料制造商投资低碳技术并生产绿色建筑材料，在供应链中处于主导地位，而绿色建筑材料制造商生产可以相互替代的绿色建筑材料。工程总承包商在供应链中处于追随者地位，同时销售两种类型的绿色建筑材料。采用逆向思维求解模型，通过数值模拟分析绿色建筑材料制造商和工程总承包商调整系数的稳定域、不同参数对系统稳定条件和演化进程的影响、政府基准绿色指数，可以得出以下结论：

（1）当绿色建筑材料制造商和工程总承包商决策稳定时，整个供应链系统处于稳定状态，且绿色建筑材料制造商的决策行为影响工程总承包商的决策。

（2）绿色建筑材料制造商均衡批发价格和工程总承包商均衡零售价格都可以表示为关于绿色技术产出的函数。将绿色技术产出看作是一个企业的核心竞争力，在市场中，当其他企业拥有更高的绿色技术产出能力，该企业在市场中将处于劣势，即两种绿色建筑材料在市场中是竞争关系。

（3）绿色建筑材料制造商和工程总承包商在长期重复博弈的过程中，应合理地调整自身价格的调整系数，以免导致系统进入混沌元序状态，进而破坏市场内的良性竞争；同时，绿色建筑材料制造商不能一味追求绿色技术产出，需要确立一个合理范围。

（4）低标准的补贴水平不利于促进绿色建筑材料制造商绿色技术产出，政府要制定与绿色建筑材料制造商投资水平相当的财政补贴水平。

（5）延迟反馈控制方法能够有效控制混沌现象，使混沌无序状态的系统逐渐变成稳定平衡的系统。

基于以上研究结论，可提出以下建议：

第一，政府应鼓励企业提升自主创新能力。随着我国"双碳"目标的持续推进，市场中会涌现出越来越多的绿色生产企业，市场竞争逐步增大。在市场中相互竞争的企业，应努力提升自身绿色生产水平和创新能力，增强核心竞争力，相辅相成推动我国绿色生产水平和创新能力迈上新台阶。

第二，政府相关部门应实时监管市场行为。良好的市场秩序是绿色生产和创新的保证，绿色建筑材料制造商和工程总承包商过度地调整自身产品价格会使市场陷入无序状态。各企业应理性对待市场竞争，适度调整自身定价策略，同时政府应采取价格监管，避免市场中企业出于实现自身利益最大化而采取恶意抬价行为。

第三，应综合考虑各方利益和绿色效益，完善绿色技术补贴相关政策。随着环境和能源等问题日益严峻，建筑业作为碳减排实施的重点领域，希望政府部门通过财政补贴等形式提高建筑市场企业绿色创新积极性，需根据实际情况合理制定财政补贴水平。

第 7 章　总承包视域下重大建设工程技术创新主体行为演化博弈构建与仿真分析

在新兴技术深度交融的发展模式下，重大工程是提升我国综合国力，增强自主创新能力的重要平台。基于重大工程社会效益，考虑声誉因素影响，构建重大工程总包商和分包商合作行为的演化博弈模型，研究协同创新收益分配系数在内多种因素的影响，并运用 Matlab 软件分析各因素对演化路径的影响。研究结果表明，合理的收益分配系数可以促进博弈双方向积极方向演化；创新成本的降低和外溢技术吸收能力的提高都能够使创新主体更倾向于选择积极协同创新策略；高于阈值的声誉损失才能够有效抑制搭便车行为，促进创新主体选择积极协同创新策略，研究结果为推动重大建设工程技术创新提供参考借鉴。

7.1　问题提出

重大基础设施工程（以下简称：重大工程）是指投资规模大、实施周期长、技术异常复杂，对经济、社会、生态环境等造成深远影响的大型公共工程（Flyvbjerg，2014）。重大工程不仅体量、规模庞大，其技术也因高度不确定的工程环境、多元化的工程需求以及日益严苛的工程目标面临越来越大的挑战（Chen et al.，2020；Damayanti et al.，2021）。与一般工程不同，重大工程对改善民生和促进国民经济发展具有重要意义（He et al.，2021；Liu et al.，2022）。因此，面对重大工程建设难题，技术创新是必然选择。

　　重大建设工程技术创新是指以工程需求为导向，各类创新主体技术创新成果集成的过程（Davies et al.，2014）。重大建设工程技术创新涉及多个领域，具有显著的复杂性，而实现重大建设工程技术创新突破，关键在于创新过程中各主体的协同创新（Zheng et al.，2019）。然而，技术协同创新容易引发利益和资源冲突，滋生机会主义行为，降低合作效率，也不利于最终的创新成果产出（Brockman et al.，2018；Ge et al.，2021）。因此，只有重大工程各创新主体的创新行为保持一致，才有助于实现整体创新。

　　关于重大建设工程技术创新，国内外学者已经取得了丰富的研究成果。奥佐洪和欧若（Ozorhon & Oral，2017）研究发现，项目复杂性、创新政策和环境可持续性是推动建筑工程项目创新的主要动力。由于重大建设工程技术创新的复杂性和不确定性，技术创新过程中的组织协调就凸显得十分重要。重大建设工程技术创新涉及多领域，需要业主对人力、资金（韩志永，2018），利益相关者的合作关系（Xue et al.，2018）等资源进行整合并做好组织协调工作，为创新联盟开展技术创新活动提供有利环境（Sergeeva & Zanello，2018）。但由于大型基础设施项目存在组织的临时性、项目的复杂性、创新实体的多样性以及技术的不确定性等特征，容易形成创新孤岛（Chen et al.，2018），良好的合作关系不仅能够促进技术创新的成功，还能为知识转移奠定信任基础，而实现创新的重要保障和先决条件就是提高知识转移的有效性（Liu et al.，2020）。随着研究的深入，创新网络及生态系统被逐渐引入重大建设工程技术创新过程。鉴于重大建设工程技术创新的复杂性，传统的创新范式因责任权利不明确、信息沟通不畅等而不再适合重大建设工程技术创新问题研究（Guo et al.，2020）。参与主体间需要形成一个紧密的创新网络（Qiu et al.，2019），在创新网络中各主体可以开展技术创新活动，共同创造价值（Chen et al.，2020）。但主体间可能有着与重大建设工程技术创新不同的目标和规划，因此创新网络的领导者应该发挥积极的促进作用（Chen et al.，2020）。重大建设工程技术创新是多主体共同参与的过程，目标不一致、地位不对等、信息不对称等因素会影响创新主体的行为选择。以往研究表明，合理的创新收益分配比例、成员间较高的信任度、完善的政府奖惩措施等能够促进创新主体的行为向积极方向转变，促进合作创新成功（Li et al.，2020；Xu et al.，2021；Chen et al.，2022）。马等（Ma et al.，2021）

通过构建绿色建筑技术创新合作网络的演化博弈模型，研究不同的政府干预政策（补贴、税收优惠、知识产权保护）对绿色建筑企业决策行为和网络结构的影响。此外，部分学者从研发成本、违约成本以及绿色创新效益分配比例（Yang et al.，2021），合作意愿、分享水平（Wang et al.，2022）等角度研究不同因素对创新主体行为选择的影响。在重大建设工程技术创新主体中，政产学研是技术创新主体的重要组成部分。暂等（Zan et al.，2021）构建产学研合作创新的演化博弈模型，分析企业和学研的合作关系以及政府政策对产学研合作创新稳定性的影响。研究结论有助于加强产学研合作创新主体间的关系，同时为政府制定有效政策提供思路借鉴。

良好的声誉有利于提升企业努力水平和实现收益帕累托改善（刘阳等，2022）。从 20 世纪 80 年代以来，国内外不少学者开始对声誉机制进行研究，声誉作为隐性激励机制的一种受到学者们的关注。法玛最早证明了在完备市场机制假设下，隐性激励能作为显性激励的一个不完备的替代。Kreps 用重复博弈模型对声誉的激励作用进行了研究，通过构造 KMRW 声誉模型，发现了声誉等隐性激励机制能够达到激励代理人的目的。时茜茜等（2015）研究了重大工程化预制中的双重声誉激励机制，发现在一定条件下引入声誉激励机制可以更好地协调业主与预制商的合作关系，防范代理人道德风险。李健等（2017）研究表明，声誉效应有助于提高代理人的努力水平和委托人的收益，有助于委托人和代理人建立长期稳定的合作关系。因此，声誉作为一种激励机制对合作创新中的主体有着一定的促进作用。

综上所述，现有文献对重大建设工程技术创新及技术创新主体行为选择展开了大量研究，主要体现在：第一，国内外学者对重大建设工程技术创新问题的研究，主要集中于创新驱动力和阻碍因素以及创新网络和生态系统等方面，多数以定性分析为主。第二，在研究技术创新主体行为选择时多数选取合作收益及其分配系数、创新成本等因素。第三，在技术创新主体方面，多数学者以政府、业主、产学研、企业中的两方或三方为研究对象。相对于已有研究，本书可能的创新点在于：（1）选取总包商和分包商作为研究对象，研究总承包模式下不同行为策略演化进程；（2）将声誉因素引入模型中，考虑声誉对重大建设工程技术创新主体可持续发展的影响，研究声誉效益对创新主体决策行为的影响。

7.2　问题描述与假设

7.2.1　问题描述

工程建设项目总承包模式是业主为实现项目目标而采取的一种承发包模式，例如长沙磁悬浮 F 轨技术创新工程。演化博弈模型基于决策者有限理性，以实现自身利益最大化为决策目标的假设符合重大建设工程技术创新主体合作行为研究。因此基于博弈理论，将总包商和分包商作为重大建设工程技术创新主体进行研究。由于在技术创新过程中，总包商和分包商满足有限理性假设，总包商和分包商往往在博弈一开始并不能找到最优策略，双方需要进行多次博弈，在不断博弈中进行调整以找到最优策略。

7.2.2　模型假设

本节构建总包商和分包商演化博弈模型，为对总包商和分包商之间的技术创新行为进行分析，作出以下假设：

假设 1：在技术创新过程中，总包商和分包商均可选择｛积极协同创新，消极协同创新｝两种策略，其中总包商采取积极协同创新策略的概率为 x（$0 \leqslant x \leqslant 1$）；分包商采取积极协同创新策略的概率为 y（$0 \leqslant y \leqslant 1$）。总包商积极协同创新的含义是指总包商积极投身于重大工程协同技术创新建设中，且愿意与分包商进行高效的协同创新；消极协同创新是指总包商不愿意与分包商进行协同创新，只想获取分包商技术知识或最终的创新成果。分包商积极协同创新含义是指分包商能够积极投入技术研发与协同创新工作中；消极协同创新是指分包商对重大工程协同技术创新意愿较低，不愿意投身于技术研发和协同创新工作。

假设 2：总包商承包某一工程技术创新项目的基础收益为 R_1，通过采取总分包模式，将部分技术协同创新内容交由分包商，假设总包商与分包商签订技术协同创新合同，分包商的合同基础收益为 R_2。

　　假设 3：总包商和分包商协同创新总产出效益表示为 M，总、分包商在技术创新过程中产生的技术收益为 $\eta_i V_i (i=1, 2)$，其中 $\eta_i (i=1, 2)$、$V_i (i=1, 2)$ 分别表示总、分包商的技术创新产出系数和知识、技术价值。由于总包商在协同技术创新过程中处于主导地位，对协同创新总产出效益具有分配权，假设 $\lambda (0 < \lambda < 1)$ 表示分包商的协同创新效益分配比。为便于模型求解，假设当一方采取消极协同创新策略时，其协同创新总产出效益 $M = 0$。

　　假设 4：重大工程协同创新主体具有动态更替特点，表现为临时联盟或永久组织之间的动态变化，协同创新技术成果经前期签署的合同内容最终转移归属于总包商。如长沙磁悬浮建设工程，打造出我国首条中低速磁浮线，其核心技术创新内容 F 轨，对未来我国建设高速磁浮工程奠定坚实的基础。由于创新技术成果达不到完全转化，因此假设技术成果转化率为 $\beta(0 < \beta < 1)$。

　　假设 5：总、分包商进行技术创新时，需各自投入 $C_i (i=1, 2)$ 的创新成本。在技术创新过程中，创新主体有将外界已有知识、技术转为自身所需的能力，从而降低创新过程中的试错次数，进而减少创新成本，设 α_1、$\alpha_2 (0 < \alpha_1, \alpha_2 < 1)$ 分别表示总、分包商的外溢技术吸收能力，减少的创新成本可表示为 $\alpha_i C_i (i=1, 2)$。

　　假设 6：当创新主体一方消极协同创新时，即存在"搭便车"行为，创新主体不愿与另一主体进行协同创新，只想"坐享其成"，吸收对方创新过程中的知识、技术。假设因吸收对方的知识、技术而获得的收益为 $\rho_i V_j (i, j = 1, 2, i \neq j)$，$\rho_i (i=1, 2)$ 表示主体学习能力，$V_j (j=1, 2)$ 表示知识、技术价值，且 $\eta_i > \rho_j (i, j = 1, 2, i \neq j)$。若消极协同创新行为被发现，则对创新主体产生一定的声誉损失，假设被发现的概率为 p，损失的声誉收益为 $S_i = \frac{1}{2} pq b_i^2 (i=1, 2)$，其中 q 为声誉贴现系数，b_i 为消极水平。

7.3　模型构建与求解

7.3.1　模型构建

　　基于上述假设，构建总包商和分包商协同创新的收益支付矩阵，如表 7 - 1

所示。

表 7 – 1 总、分包商协同创新收益支付矩阵

		总 包 商	
		积极协同创新（x）	消极协同创新（$1-x$）
分包商	积极协同创新（y）	$R_1 + \eta_1 V_1 + (1 - \lambda + \beta)M - (1 - \alpha_1)C_1$ $R_2 + \eta_2 V_2 + \lambda M - (1 - \alpha_2)C_2$	$R_1 + \rho_1 V_2 - \dfrac{1}{2}pqb_1^2$ $R_2 + \eta_2 V_2 - (1 - \alpha_2)C_2 - \rho_1 V_2$
	消极协同创新（$1-y$）	$R_1 + \eta_1 V_1 - (1 - \alpha_1)C_1 - \rho_2 V_1$ $R_2 + \rho_2 V_1 - \dfrac{1}{2}pqb_2^2$	$R_1 - \dfrac{1}{2}pqb_1^2$ $R_2 - \dfrac{1}{2}pqb_2^2$

7.3.2 模型分析

根据演化博弈相关理论和期望收益的计算方法，令 E_1，E_2 分别表示总包商和分包商的期望收益，根据表 7 – 1 相关数据可以得到：

总包商积极协同创新下的期望收益：

$$E_{11} = y[(1 - \lambda + \beta)M + \rho_2 V_1] + R_1 + \eta_1 V_1 - (1 - \alpha_1)C_1 - \rho_2 V_1 \tag{7-1}$$

总包商消极协同创新下的期望收益：

$$E_{12} = y\rho_1 V_2 + R_1 - \frac{1}{2}pqb_1^2 \tag{7-2}$$

总包商的平均期望收益：

$$E_1 = xy[(1 - \lambda + \beta)M + \rho_2 V_1 - \rho_1 V_2] + y\rho_1 V_2$$
$$x\left[\eta_1 V_1 - (1 - \alpha_1)C_1 - \rho_2 V_1 + \frac{1}{2}pqb_1^2\right] + R_1 - \frac{1}{2}pqb_1^2 \tag{7-3}$$

根据 Malthusian 动态方程（Galor & Weil，2000），能够得到总包商选择积极协同创新策略时的复制动态方程为：

$$\frac{dx}{dt} = x(1 - x)\begin{bmatrix} y(1 - \lambda + \beta)M + y(\rho_2 V_1 - \rho_1 V_2) \\ + \eta_1 V_1 + \dfrac{1}{2}pqb_1^2 - (1 - \alpha_1)C_1 - \rho_2 V_1 \end{bmatrix} \tag{7-4}$$

同理，分包商积极协同创新下的期望收益：

$$E_{21} = x(\lambda M + \rho_1 V_2) + R_2 + \eta_2 V_2 - (1 - \alpha_2) C_2 - \rho_1 V_2 \qquad (7-5)$$

分包商消极协同创新下的期望收益：

$$E_{22} = x\rho_2 V_1 + R_2 - \frac{1}{2} pq b_2^2 \qquad (7-6)$$

分包商的平均期望收益：

$$E_2 = xy(\lambda M + \rho_1 V_2 - \rho_2 V_1) + x\rho_2 V_1 + R_2 - \frac{1}{2} pq b_2^2$$
$$+ y\left[\eta_2 V_2 - (1 - \alpha_2) C_2 - \rho_1 V_2 + \frac{1}{2} pq b_2^2 \right] \qquad (7-7)$$

分包商选择积极协同创新策略时的复制动态方程为：

$$\frac{\mathrm{d}y}{\mathrm{d}t} = y(1-y) \left[\begin{array}{l} x\lambda M + x(\rho_1 V_2 - \rho_2 V_1) + \eta_2 V_2 \\ + \frac{1}{2} pq b_2^2 - (1 - \alpha_2) C_2 - \rho_1 V_2 \end{array} \right] \qquad (7-8)$$

根据以上复制动态方程，可以得到总、分包商双方的动态演化，形成一个二维动力系统：

$$\begin{cases} \dfrac{\mathrm{d}x}{\mathrm{d}t} = x(1-x) \left[y(1 - \lambda + \beta) M + y(\rho_2 V_1 - \rho_1 V_2) + \eta_1 V_1 + \right. \\ \left. \qquad \dfrac{1}{2} pq b_1^2 - (1 - \alpha_1) C_1 - \rho_2 V_1 \right] \\ \dfrac{\mathrm{d}y}{\mathrm{d}t} = y(1-y) \left[x\lambda M + x(\rho_1 V_2 - \rho_2 V_1) + \eta_2 V_2 + \dfrac{1}{2} pq b_2^2 - \right. \\ \left. \qquad (1 - \alpha_2) C_2 - \rho_1 V_2 \right] \end{cases} \qquad (7-9)$$

令 $\dfrac{\mathrm{d}x}{\mathrm{d}t} = 0$ 和 $\dfrac{\mathrm{d}y}{\mathrm{d}t} = 0$，可以得到二维动力系统的局部均衡点，分别为 $Q_1(0, 0)$、$Q_2(0, 1)$、$Q_3(1, 0)$、$Q_4(1, 1)$、$Q_5(x^*, y^*)$。其中：

$$x^* = \frac{2\rho_1 V_2 + 2(1 - \alpha_2) C_2 - pq b_2^2 - 2\eta_2 V_2}{2(\lambda M + \rho_1 V_2 - \rho_2 V_1)}$$

$$y^* = \frac{2\rho_2 V_1 + 2(1 - \alpha_1)C_1 - pqb_1^2 - 2\eta_1 V_1}{2[(1 - \lambda + \beta)M + \rho_2 V_1 - \rho_1 V_2]}$$

根据弗里德曼方法（Friedman，1998），对二维连续动力系统的雅可比矩阵进行稳定性分析可得系统演化稳定策略。上述二维动力系统的雅可比矩阵为：

$$J = \begin{vmatrix} J_{11} & J_{12} \\ J_{21} & J_{22} \end{vmatrix} = \begin{vmatrix} \dfrac{(\mathrm{d}x/\mathrm{d}t)}{\mathrm{d}x} & \dfrac{(\mathrm{d}x/\mathrm{d}t)}{\mathrm{d}y} \\ \dfrac{(\mathrm{d}y/\mathrm{d}t)}{\mathrm{d}x} & \dfrac{(\mathrm{d}y/\mathrm{d}t)}{\mathrm{d}y} \end{vmatrix} \quad (7-10)$$

其中：

$$\frac{(\mathrm{d}x/\mathrm{d}t)}{\mathrm{d}x} = (1 - 2x)[y(1 - \lambda + \beta)M + y\rho_2 V_1 - y\rho_1 V_2 + \eta_1 V_1$$
$$+ \frac{1}{2}pqb_1^2 - (1 - \alpha_1)C_1 - \rho_2 V_1]$$

$$\frac{(\mathrm{d}x/\mathrm{d}t)}{\mathrm{d}y} = x(1 - x)[(1 - \lambda + \beta)M + \rho_2 V_1 - \rho_1 V_2]$$

$$\frac{(\mathrm{d}y/\mathrm{d}t)}{\mathrm{d}x} = y(1 - y)\lambda M + \rho_1 V_2 - \rho_2 V_1$$

$$\frac{(\mathrm{d}y/\mathrm{d}t)}{\mathrm{d}y} = (1 - 2y)[x\lambda M + x\rho_1 V_2 - x\rho_2 V_1 + \eta_2 V_2 + \frac{1}{2}pqb_2^2$$
$$- (1 - \alpha_2)C_2 - \rho_1 V_2]$$

二维动力系统平衡点的稳定性，可由矩阵的行列式 $DetJ$ 和迹 TrJ 的符号决定。当满足 $DetJ > 0$，$TrJ < 0$ 时，复制动态方程的均衡点就是演化稳定策略。x^*，y^* 均在 $R = \{(x, y) | 0 \leqslant x \leqslant 1, 0 \leqslant y \leqslant 1\}$ 平面上，则当满足：

$$\eta_i V_i + \frac{1}{2}pqb_i^2 - (1 - \alpha_i)C_i - \rho_j V_i < 0, (i, j = 1, 2 \text{ 且 } i \neq j)$$

$$\lambda M - \rho_2 V_1 + \eta_2 V_2 + \frac{1}{2}pqb_2^2 - (1 - \alpha_2)C_2 > 0$$

$$(1 - \lambda + \beta)M - \rho_1 V_2 + \eta_1 V_1 + \frac{1}{2}pqb_1^2 - (1 - \alpha_1)C_1 > 0$$

　　该系统存在 5 个局部均衡点，各均衡点稳定情况如表 7-2 所示。

表 7-2　　　　　　　　　　　各均衡点稳定性情况

序号	均衡解	$Det(J)$	$Tr(J)$	稳定性
1	$Q_1(0, 0)$	+	−	渐近稳定点
2	$Q_2(0, 1)$	+	+	不稳定点
3	$Q_3(1, 0)$	+	+	不稳定点
4	$Q_4(1, 1)$	+	−	渐近稳定点
5	$Q_5(x^*, y^*)$	−	0	鞍点

　　由表 7-2 可知，$Q_1(0, 0)$、$Q_4(1, 1)$ 为渐进稳定点，演化策略分别为 {消极协同创新，消极协同创新}、{积极协同创新，积极协同创新}；$Q_2(0, 1)$、$Q_3(1, 0)$ 为该系统收敛不同策略的临界点，$Q_5(x^*, y^*)$ 为鞍点，图 7-1 表示为总、分包商双方合作演化博弈相位分布。

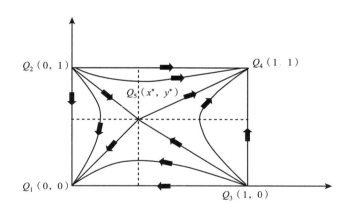

图 7-1　总、分包商双方合作演化博弈相位分布

　　由图 7-1 可知，当初始状态位于 $Q_2Q_5Q_3Q_4$ 折线连接的右上角区域时，系统会向稳定点 $Q_4(1, 1)$ 收敛，总、分包商双方将朝着积极协同创新的策略方向演化；当初始状态位于 $Q_2Q_5Q_3Q_4$ 折线连接的左下角区域时，系统会向着稳定点 $Q_1(0, 0)$ 收敛，总、分包商双方将朝着消极协同创新的策略方向演化。系统朝哪个稳定点演化取决于 $Q_2Q_5Q_3Q_4$ 区域面积（S_1）和 $Q_2Q_5Q_3Q_1$ 区域面积（S_2）的大小，S_1 面积越大，双方朝着 {积极协同创新，积极协同创新} 的概率越大；S_2 面积越大，双方实施 {消极协同创新，消极协同创

新} 策略的概率越大。其中，$Q_2 Q_5 Q_3 Q_1$ 区域（S_2）面积可以表示为：

$$S_2 = \frac{1}{2}(x^* + y^*)$$

$$= \frac{2\rho_1 V_2 + 2(1 - \alpha_2)C_2 - pqb_2^2 - 2\eta_2 V_2}{\lambda M + \rho_1 V_2 - \rho_2 V_1}$$

$$+ \frac{2\rho_2 V_1 + 2(1 - \alpha_1)C_1 - pqb_1^2 - 2\eta_1 V_1}{(1 - \lambda + \beta)M + \rho_2 V_1 - \rho_1 V_2} \qquad (7-11)$$

下面分别对影响 $Q_2 Q_5 Q_3 Q_1$ 区域（S_2）面积变化的主要因素进行讨论：

命题 1　协同创新总产出收益分配系数对总、分包商最终决策的选择影响根据具体情况而定。

证明：对 S_2 求关于 λ 的偏导数可以得到：

$$\frac{\partial S_2}{\partial \lambda} = \frac{M[2\rho_2 V_1 + 2(1 - \alpha_1)C_1 - pqb_1^2 - 2\eta_1 V_1]}{[(1 - \lambda + \beta)M + \rho_2 V_1 - \rho_1 V_2]^2}$$

$$- \frac{M[2\rho_1 V_2 + 2(1 - \alpha_2)C_2 - pqb_2^2 - 2\eta_2 V_2]}{(\lambda M + \rho_1 V_2 - \rho_2 V_1)^2}$$

根据上述可知，$\frac{\partial S_2}{\partial \lambda}$ 的大小与协同创新总产出收益分配系数不是单调的函数关系，$\frac{\partial S_2}{\partial \lambda}$ 的值要根据具体情况而定，即系统最终的演化结果视具体情况而定。

当 $\dfrac{[2\rho_2 V_1 + 2(1-\alpha_1)C_1 - pqb_1^2 - 2\eta_1 V_1]}{[(1-\lambda+\beta)M + \rho_2 V_1 - \rho_1 V_2]^2} > \dfrac{[2\rho_1 V_2 + 2(1-\alpha_2)C_2 - pqb_2^2 - 2\eta_2 V_2]}{(\lambda M + \rho_1 V_2 - \rho_2 V_1)^2}$

时，$\frac{\partial S_2}{\partial \lambda} > 0$，$S_2$ 是 λ 的增函数，随着 λ 的增加，系统向 $Q_1(0,0)$ 点演化的概率增加；同理，当 S_2 是 λ 的减函数时，随着 λ 的增加，系统向 $Q_4(1,1)$ 点演化的概率增加。在协同创新过程中，由于总包商对协同创新总产出收益具有分配权，总包商不能一味地为了提升自身收益而减少分包商的收益。当分包商对利益分配不满足时，分包商将倾向于选择消极协同创新策略，不利于协同创新进程的推进。

命题 2　总、分包商的外溢技术吸收能力越强，博弈双方选择积极协同创新的概率越大。

证明：对 S_2 求关于 $\alpha_i\,(i=1,\ 2)$ 的偏导数可以得到：

$$\frac{\partial S_2}{\partial \alpha_1} = \frac{-2C_1}{(1-\lambda+\beta)M + \rho_2 V_1 - \rho_1 V_2} < 0$$

$$\frac{\partial S_2}{\partial \alpha_2} = \frac{-2C_2}{\lambda M + \rho_1 V_2 - \rho_2 V_1} < 0$$

故 S_2 是关于 $\alpha_i\,(i=1,\ 2)$ 的单调递减函数，随着 $\alpha_i\,(i=1,\ 2)$ 的增加，S_2 的面积将减小，系统向 $Q_4(1,\ 1)$ 点演化的概率增加。当创新主体外溢技术吸收能力较强，即创新主体在协同创新过程中通过吸收已有技术创新成果等减少创新过程中的试错，能够降低创新成本，增大自身收益，从而促使创新主体更愿意选择积极协同创新策略。

命题 3　总、分包商选择积极协同创新的概率随着消极协同创新被发现概率的增加而增大。

证明：对 S_2 求关于 p 的偏导数可以得到：

$$\frac{\partial S_2}{\partial p} = \frac{-qb_2^2}{\lambda M + \rho_1 V_2 - \rho_2 V_1} + \frac{-qb_1^2}{(1-\lambda+\beta)M + \rho_2 V_1 - \rho_1 V_2} < 0$$

故 S_2 是关于 p 的单调递减函数，随着 p 的增加，S_2 的面积将减小，系统向 $Q_4(1,\ 1)$ 点演化的概率增加。由上述假设条件可知，创新主体选择消极协同创新行为不仅对当前阶段利益造成损害，声誉的降低也会对未来利益产生一定的负面影响。即创新主体因消极行为而产生的声誉效益损失越大时，创新主体为了实现自身利益最大化及可持续发展，将倾向于选择积极协同创新策略。

命题 4　总、分包商选择积极协同创新的概率随着声誉贴现系数的增加而增大。

证明：对 S_2 求关于 q 的偏导数可以得到：

$$\frac{\partial S_2}{\partial q} = \frac{-pb_2^2}{\lambda M + \rho_1 V_2 - \rho_2 V_1} + \frac{-pb_1^2}{(1-\lambda+\beta)M + \rho_2 V_1 - \rho_1 V_2} < 0$$

由 $\dfrac{\partial S_2}{\partial q} < 0$ 可知，对 S_2 是关于 q 的单调递减函数，随着 q 的增加，S_2 的面积将减小，系统向 $Q_4(1,\ 1)$ 点演化的概率增加。当声誉贴现系数增加时，

即创新主体因选择消极协同创新策略而损失的声誉效益增大时，创新主体选择积极协同创新策略的概率增大。

命题5 随着创新成本的降低，总、分包商选择积极协同创新的概率会增大。

证明：对 S_2 求关于 $C_i(i=1, 2)$ 的偏导数可以得到：

$$\frac{\partial S_2}{\partial C_1} = \frac{2(1-\alpha_1)}{(1-\lambda+\beta)M + \rho_2 V_1 - \rho_1 V_2} > 0$$

$$\frac{\partial S_2}{\partial C_2} = \frac{2(1-\alpha_2)}{\lambda M + \rho_1 V_2 - \rho_2 V_1} > 0$$

根据上式可知，S_2 是关于 $C_i(i=1, 2)$ 的增函数，即随着创新成本的增加，S_2 的面积会随之增加。反之，当创新成本降低时，S_2 的面积会减小，系统朝着 $Q_4(1, 1)$ 点演化的概率就会增大。在创新过程中，基于创新主体是有限理性的假设，创新主体均以实现自身利益最大化为创新目标。当创新成本降低时，创新主体能够从技术创新中获取更多的利益，此时创新主体将更倾向于选择积极协同创新，从而能够推动技术创新的发展。

7.4 数值仿真

7.4.1 相关变量参数赋值

在讨论各影响因素变化对系统演化进程影响的基础上，为了进一步地分析总包商和分包商在合作基础上选择积极协同创新策略的规律，本书运用 Matlab 2018a 软件进行数值仿真。为使结论不失一般性，参照以往研究并结合实际现状，对相关变量参数进行赋值处理，具体数值反映的是博弈主体各能力间的相对大小，并不代表真实数额。考虑到在合作初期，总包商和分包商保持中立态度，假设双方的消极水平处于 0.5 左右。由于总、分包商的基础收益对后续分析无影响，故将总、分包商的基础收益赋值为零，相关变量参数如表 7 - 3 所示。

表7-3　　　　　　　　　　　　相关变量参数赋值

参数	R_1	R_2	M	η_1	η_2	V_1	V_2	λ	β	C_1
数值	0	0	6.5	0.5	0.6	4	6	0.45	0.5	6
参数	C_2	α_1	α_2	ρ_1	ρ_2	b_1	b_2	p	q	
数值	5	0.6	0.5	0.6	0.5	0.6	0.5	0.6	0.7	

7.4.2　初始概率对系统演化进程的影响

为了考察总分包商选择积极协同创新的初始概率对博弈双方最终演化进程的影响，随机选取六组数据作为博弈双方的初始概率，图7-2为不同概率下系统演化结果。通过图7-2可以得出，系统演化存在两个演化稳定策略：(0，0) 和 (1，1)，即 {消极协同创新，消极协同创新} 和 {积极协同创新，积极协同创新}。

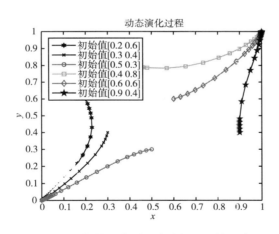

图7-2　初始概率对系统演化进程的影响

在协同创新进程中，博弈双方协同创新关系是在不损害自身利益的基础上建立的。由前文相关假设条件可知，当博弈一方选择消极协同创新策略时便会存在"搭便车"行为，即能够从积极方获取部分收益，从而使积极方的利益受损，此时积极方便会发生策略选择变化，将从积极协同创新转向消极协同创新，此时达到一个策略稳定。当博弈双方倾向于选择积极协同创新策略时，此时双方的利益达到最大化。在有限理性的假设下，双方以实现自身利益最大化为目标，所以当双方均选择积极策略时不会改变现有策略，从而形成一个策略稳定。

7.4.3 协同创新收益分配比对博弈双方演化结果的影响

由于总包商在协同创新过程中处于主导地位，对协同创新收益具有分配权，总包商为实现自身利益最大化，不免会存在收益分配不公的现象。由前文的推导可知，协同创新收益分配比存在一个阈值，当分配比较低时，分包商的协同创新利益受损，将会在博弈过程中逐渐倾向于选择消极协同创新，从而不利于技术协同创新进程的推进。假设协同创新收益分配比分别取 0.35、0.45、0.55，具体仿真结果如图 7 - 3 所示。

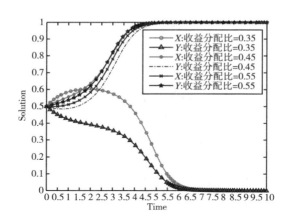

图 7 - 3　协同创新收益分配比对博弈双方演化结果的影响

图 7 - 3 数值仿真结果验证了命题 1 的正确性，同时还可以看出博弈双方协同创新收益分配比在 0.35 ~ 0.45 存在一个阈值。当收益分配比小于阈值时，系统朝着消极协同创新的方向演化；反之当大于阈值时，会向积极协同创新方向演化，且收益分配比越大时，系统演化速度越快，达到稳定策略所需的时间越短。从可持续发展的角度看，总包商不能为了一味地提升自身利益而压低分包商的收益，使分包商选择消极协同创新，从而不利于重大建设工程技术创新的发展。总包商在进行利益分配时，要充分考虑到合作伙伴的

收益，在不失公平性的前提下，合理地分配协同创新利益，可以促使双方更好地向积极合作方向演化，从而实现自身利益最大化和可持续发展。

7.4.4　外溢技术吸收能力对博弈双方演化结果的影响

在重大建设工程技术创新过程中，创新主体基于已有相关研究成果，能够获取对自身技术创新有价值的理论知识和技术，从而能避免创新过程中的一些错误或不必要的试验，进而能够降低创新成本，提高自身收益。由于总包商和分包商不能实现将现有知识和技术全盘吸收，在其他参数不变的情况下，选取总包商外溢技术吸收能力系数为 0.4、0.5、0.6，分包商外溢技术吸收能力系数为 0.3、0.5、0.7，系统演化轨迹如图 7 - 4、图 7 - 5 所示。

图 7 - 4、图 7 - 5 的仿真结果正确地验证了命题 2 的结论，外溢技术吸收能力越强的博弈主体在创新过程中付出的成本相对较少，从而获得的收益相对较大，更倾向于选择积极协同创新策略。当博弈一方能力不变，另一方能力增大时，系统会朝着积极协同创新方向演进。这是由于在双方的协同创新中，积极协同创新下的收益同比最高，能力强的主体积极合作行为能够促使另一方选择同样的行为，从而双方均实现利益最大化。

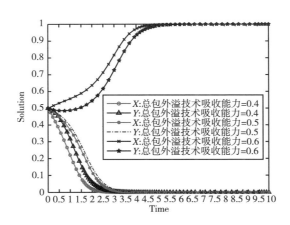

图 7 - 4　总包商外溢技术吸收能力对博弈双方演化结果的影响

通过对比图 7 - 4，图 7 - 5 的结果可以发现，总包商和分包商在外溢技术吸收能力阈值上存在差异，前者的阈值介于 [0.5, 0.6]；后者的阈值介于

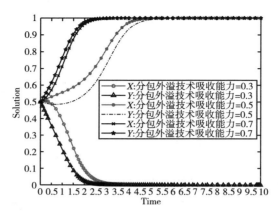

图 7 - 5　分包商外溢技术吸收能力对博弈双方演化结果的影响

[0.3，0.5]。由此可知，外溢技术吸收能力对不同博弈主体的影响程度不同，成本减少量较小时，博弈主体并不会改变已有创新策略。

7.4.5　消极协同创新发现概率对博弈双方演化结果的影响

重大工程建设关乎国计民生，具有广泛和较高的社会关注度，消极合作行为不仅会给工程质量和进度带来负面的影响，也会削弱建设参与主体的界内声誉，影响工程建设的推进及建设参与主体的发展。假设消极协同创新被发现概率分别为 0.1、0.3 和 0.5，进一步分析不同监督力度下博弈双方演化策略的选择，结果如图 7 - 6 所示。

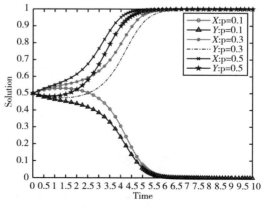

图 7 - 6　消极行为被发现概率对博弈双方演化结果的影响

数值仿真结果说明，积极协同创新的概率会随着消极协同创新被发现概率的增加而增大。由图 7-6 可知，当概率小于 0.3 时，即外界给予重大工程建设参与主体的监督力度较小时，参与主体会倾向于选择消极合作行为，此时机会主义的动机较强，协同创新的概率逐渐趋向于零。当总包商和分包商意识到外界监督力度较大并对其收益有很大影响时，双方的协同创新动机就变得强烈，系统便会朝着积极协同创新的方向发展。由于重大工程往往对社会经济发展及改善人民生活具有重大影响，考虑到重大工程建设的社会效益，在建设过程中有必要对建设参与主体实施适当的监管，有利于促进技术创新的发展和工程建设进程的推进。

7.4.6 声誉贴现系数对博弈双方演化结果的影响

由前文的推导分析可得，声誉贴现系数越大，博弈主体选择积极协同创新的概率越大，越有可能导致系统朝着积极协同创新的方向演化。假定声誉贴现系数分别取值 0.3、0.4、0.5，考察不同声誉影响程度下博弈主体选择积极协同创新策略的演化进程，仿真结果如图 7-7 所示。图 7-7 的结果验证了命题 4 的正确性，同时可以看出在其他变量赋值不变的情况下，声誉贴现系数越大，系统朝着积极协同创新方向演化的速度越快。

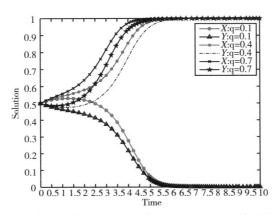

图 7-7 声誉贴现系数对博弈双方演化结果的影响

重大工程拥有超越一般工程的社会影响力，对国民经济和社会发展具有巨大影响，参与重大建设工程技术创新并成为其核心技术创新主体的企业将显著提升品牌价值和市场影响力。在总分包商博弈中，为实现自身利益最大化，博弈主体不免会选择消极、懈怠等合作行为，以付出最小的成本获取最大的利益。一旦消极合作行为被发现就会导致其市场声誉受损，进而使其市场份额、市场声誉等降低，对未来发展产生一定程度上的负面影响。当博弈主体意识到因消极行为带来的声誉损失过大时，为了提高在业界内的影响力和实现可持续发展战略，博弈主体会提高合作创新的积极性。

7.4.7 创新成本对博弈双方演化结果的影响

不同于一般工程，重大工程具有投资周期长、技术复杂、研发创新投入大等特点，这无疑增加了创新成本和创新难度。考虑创新成本对系统演化进程的影响，在相关参数不变的情况下，改变博弈主体创新成本的相对大小进行仿真分析，结果如图7-8、图7-9所示。

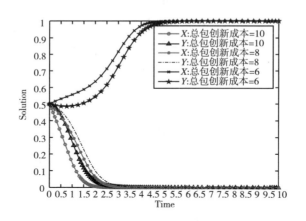

图 7-8　总包商创新成本对博弈双方演化结果的影响

图7-8和图7-9数值仿真结果同样验证了命题5。当创新成本过大时，部分利润被成本吸收，导致在相同收入的情况下，总包商和分包商的成本压力变大，承担的风险越大，自身利润出现下降，使得二者在不断博弈以调整自身策略时最终选择消极协同创新行为，并且创新成本越大，系统朝着消极合作行为方向的演化速度越快。

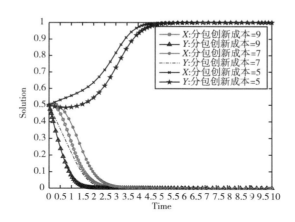

图 7 - 9　总包商创新成本对博弈双方演化结果的影响

7.5　小　　结

　　本章运用演化博弈的思想和方法构建了重大建设工程技术创新主体（总包商和分包商）的协同创新演化博弈模型，并将声誉因素纳入模型中，考虑在合作的基础上，分析不同因素作用下博弈主体行为的演化过程，结果表明：

　　第一，总包商和分包商的协同创新合作收益分配比存在一定阈值，当收益分配比略偏向于分包商时，更有利于创新主体朝着积极协同创新的方向演化；反之，当收益分配比偏向于总包商时，创新主体会在不断博弈过程中最终选择消极协同创新，不利于重大建设工程技术创新的发展和工程建设进度的推进。重大工程复杂性特点使得创新参与主体共同努力才可以完成全部创新工作，合理进行利益分配有利于技术创新的发展。

　　第二，创新成本的降低会正向促进博弈双方朝着积极协同创新的方向演化，且创新成本越低，博弈双方达到演化稳定的时间越短。由于重大工程具有技术复杂度高、投资周期长等特点，较高的创新成本会使创新主体承担巨大的成本压力和风险，进而影响博弈双方的决策。此外，创新主体的外溢技术吸收能力也会影响主体决策，主体吸收能力越强，系统朝着积极协同创新方向演化的可能性越大。

第三，在声誉效应的基础上考虑消极行为被发现概率，即外界给予重大建设工程技术创新的关注度。研究发现，当声誉贴现系数和消极协同创新被发现概率越大时，重大建设工程技术创新参与主体将会选择积极协同创新策略，且数值越大，系统演化稳定所需时间越短。由于重大工程特殊的社会属性，低水平的监管机制无法凸显作用，适当提高监管水平可以促进双方朝着积极合作的方向演化。

基于以上结论，提出以下建议：

首先，合理分配合作创新收益，政府可通过财政补贴、创新奖励等手段平衡收益分配中存在的问题。重大工程是经济发展程度的标志，不仅能提升我国综合国力和国际地位，还可以加快我国现代化进程。由于总包商在建设过程中处于主导地位，利益分配时难免会出现不公现象，从而损害分包商利益，导致其选择消极合作行为。重大工程建设参与主体行为对工程质量和工程周期有着重要的影响，因此要合理分配收益，必要时政府可采取资金手段平衡分配不公问题。

其次，重大工程参与主体要积极壮大自身，提升自身创新能力。参与主体创新能力的强弱将会直接影响到重大建设工程技术创新进程的推进。在技术创新过程中，创新成本是制约创新积极性的重要因素之一，创新主体不愿承担巨大的成本压力。因此，创新主体要努力提升创新能力，创新能力越强付出的创新成本相对就越低。此外，由于重大建设工程技术创新参与主体众多，在项目建设前期，要将参与主体创新能力纳入考核标准，打造一支创新能力较强的合作团队。

最后，加大社会公众在重大建设工程技术创新中的参与度。重大工程不仅对国民经济发展具有重大作用，对社会公众的影响也意义深远。例如三峡大坝工程的竣工，不仅解决了长江上游洪水问题，还有效缓解了我国社会用电紧张的局面。提高公众参与度不仅能让公众感知到重大工程项目建设带来的社会效益，还能够在一定程度上对参与重大工程建设及技术创新的参与主体起到监督作用。此外，政府也可设立有效的奖惩措施，提高公众参与积极性，进而促进重大建设工程技术创新的发展等。

本书揭示了总包商和分包商在重大建设工程技术创新过程中的行为决策，为推动重大工程发展和促进技术创新提供了一定的参考借鉴。但本书仅从理论角度，缺乏工程建设和技术创新实际数据，使研究结论与现实实际存在一定的差异。此外，在影响因素选取方面，仅选取部分重大建设工程技术创新影响因素进行研究，存在一定的局限性，后续研究可更全面地考虑进行深入研究。

第8章 平行发包视域下承包商绿色建筑技术创新决策行为演化分析：基于不同契约模型

在考虑营销努力和创新能力同时影响市场需求的情形下，研究了承包商负责提升绿色建筑技术，开发商负责营销的供应链运作系统。基于激励方式的不同，构建了三种激励决策模型，分析不同模型下创新能力和营销努力对开发商和承包商决策行为的影响。研究结果表明：技术创新效用是开发商和承包商进行创新成本分担的内在动力，营销努力效应在一定程度上促进创新活动的发展；创新效应和营销努力效应对开发商和承包商决策和利润存在积极的影响；在创新效应和营销努力效应下，基于产品价格契约下开发商可以获得较高的利润，并论证了成本分担能够使开发商获得最优收益，同时有效地激励承包商创新。

8.1 问题提出

绿色经济是实现经济社会与资源环境协调发展的模式，绿色技术是绿色经济的关键领域之一。随着城镇一体化进程的推进，我国建筑业得到了长足的发展，但其能耗和环境污染问题也成为一个备受关注的话题。建筑环境与人体健康密切相关，新冠疫情全球蔓延使得长期居家隔离更凸显了建筑环境对人体生理、心理及社会健康的影响，建筑领域迫切需要采取措施改善建筑环境对人体健康的影响。作为国民经济支柱型产业，建筑行业要想取得长远的发展，就要顺应社会发展潮流，必须积极响应国家号召，坚持走绿色环保路线，加快绿色建筑技术创新，提升绿色施工水平。21 世纪以来，世界各国都积极推动建筑向智能、节能、绿色化发展，绿色建筑逐渐形成体系，并在实践中不断推广、应用，成为建筑业主流的发展方向。我国高度重视绿色技术创新在国家发展战略中的作用，自从 2015 年 10 月党的十八届五中全会提出创新、协调、绿色、开放、共享五大发展理念后，创新发展、绿色发展成为历次党的代表大会多次强调的关键词。在此背景下，如何激励承包商进行绿色建筑技术创新以提升建筑绿色度是工程开发商面临的难题。

创新能力直接决定了某产品的生产成本和创新水平，承包商的创新能力直接决定了绿色建筑的创新水平和创新成本。一般在相同的创新水平下，创新能力越高则付出的创新成本则越低，高创新能力意味着产品创新程度高且生产成本低。随着我国建筑业的不断发展，人们对绿色建筑的需求也愈发强烈，当建筑绿色程度较高时，就会正向拉动市场需求。当人们对建筑绿色度存在偏好性较高时，创新能力高对开发商和承包商来说是一种成本节约，因此，开发商激励承包商进行绿色建筑技术创新是有必要的。另外，开发商通过利用广告、线上等一系列营销方式提高产品形象，不但促进了市场需求的增加，而且在一定程度上减少了市场内部存在的不稳定性，降低了创新的风险性，而需求增加和创新风险降低将有利于提升承包商积极主动进行绿色建筑技术创新的意愿。根据相关学者研究表明，下游企业在进行营销宣传时，上游企业创新活动的积极性高将会进一步拉动市场需求，而且开发商承担了营销宣传的一切成本，因此在开发商进行营销努力下能否激励承包商进行绿色建筑技术创新是值得研究的。

关于创新方面的研究已取得了大量的成果。黄煜傑、王佳（2021）通过政府对绿色技术创新的财政补贴研究，处于不同生命周期的企业提出了政府补助制定的优化建议。路斌、赵世萍（2017）以环境国际公约履约大楼为案例，分析了履约大楼节能设计的关键，并以相关节能减排数据为支撑，提出建立完善有利于支持减排降耗办公建筑的标准、规范及相关制度。刘丛等（2017）研究了由制造商和供应商组成的供应链系统，构建了三种不同情形下的激励决策模型，探讨不同情形下制造商激励决策对供应商创新能力的影响。以开发商激励承包商提高绿色建筑施工水平为出发点，探讨开发商激励决策模型。

营销努力如广告宣传、销售渠道扩展和销售人员讲解等，同样会对市场需求产生影响。在以往相关学者研究中，宋等（Song et al.，2019）首先考虑了产品质量和销售努力同时影响需求的情况下，不同渠道权力结构对制造商和零售商生产决策的影响。鲁芳（2020）从消费者效用角度分析了产品体验性和营销努力对不同渠道需求的影响，基于三种分销渠道合作策略，探讨产品体验性和营销努力对不同分销渠道选择的影响。邢鹏（2020）研究一个品牌服务提供商、一个主播和一个直播服务平台所组成的直播电商服务供应链质量努力策略问题，构建直播电商服务供应链成员的利润函数，探讨主播佣金比例和直播服务平台抽成比例对服务供应链最优策略和最优利润的影响。

近年来，关于绿色建筑技术创新方面的研究取得了较大的成果。陈晓利等（2020）认为绿色建筑技术可以有效提高建筑工程的质量，实现环境保护，维护大自然生态平衡，将该项技术应用到实际当中，进而能全面保证建筑行业发展的科学性。冒亚龙等（2021）总结华南理工大学建筑设计研究院在建筑设计作品中自觉融入地域文化与绿色技术的成功经验，发现在一大批精品建筑设计中已逐步形成了绿色技术与文化艺术交融的应用技术体系。杨元华等（2019）对绿色技术创新发展的创新主体、创新资源等方面的现状和问题进行分析，提出了相关的工作建议，为绿色建筑技术创新体系建立以及行业管理提供参考。

现有研究成果为进一步研究绿色建筑技术创新提供了借鉴和思路，但较少研究能够同时将创新能力和营销努力对需求的影响考虑进去。绿色建筑的发展进程在很大程度上依赖于绿色建筑技术创新的速度。因此，以推动绿色建筑技术产品为出发点，考虑营销努力和创新能力同时影响市场需求时，研究不同激励情形下开发商和承包商的技术创新决策，从而为开发商激励承包商进行绿色建筑技术创新提供依据。

8.2　模型描述及基本假设

工程技术创新需求本质上是新工程技术产品需求。基于此，从绿色建筑技术创新角度，考虑由开发商和承包商组成的供应链系统，考察当营销努力和创新能力同时影响工程需求时，考虑不同激励情形下开发商激励承包商绿色建筑技术创新的决策模型。开发商和承包商的决策顺序如图8-1所示，首先开发商向承包商提供激励契约，承包商可以选择接受或者拒绝，一旦承包商接受，承包商将依据契约内容投入一定的成本进行技术创新并决定创新水平和技术价格，开发商根据承包商技术创新后的工程质量将直接销售给消费者。开发商为了扩大市场影响力进行营销宣传从而付出相应的成本，决定技术产品的营销努力水平和产品价格。因此，作出以下假设：

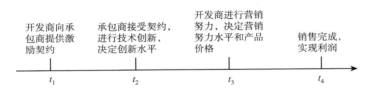

图 8-1 开发商激励承包商创新决策顺序

假设1：开发商从产品价格、创新水平（工程质量）和创新投入成本三个维度分别与承包商签订三种情形的契约以激励承包商技术创新，并基于此构建不同创新决策模型。如基于产品价格激励承包商技术创新决策模型；基于创新水平的产品价格激励承包商技术创新决策模型；基于成本分担激励承包商技术创新决策模型。

假设2：承包商接受开发商提供的激励契约，依据契约内容进行创新投入，设承包商创新投入成本为 $C_1 = \dfrac{a^2}{2c}$，其中，$c(c>0)$ 代表承包商的创新能力，c 值越小表示承包商创新能力较弱，即在相同创新努力下承包商创新投入成本越高；a 代表承包商的创新水平并直接决定了工程质量。类似的创新成本函数还被格纳尼（Gurnani，2010）等诸多文献采用。

假设3：开发商为了扩大市场影响力，通过采用广告等方式进行宣传，设开发商的营销努力水平为 b，开发商付出的营销努力成本为 $\dfrac{1}{2}kb^2$，其中，k 表示营销努力成本系数。此类成本函数表达形式还被高举红等（2015）和宋佳（Jian S.，2017）采用。

假设4：工程技术创新需求不但受合同价格影响，还受到工程质量提升需求和承包商积极创新意愿的影响。可借鉴需求函数 $D = \pi_0 - \alpha p + \beta a + \gamma b$，其中，$\pi_0$ 表示工程技术市场内在需求；α 是市场需求对产品价格的影响；β 代表技术创新效用，衡量承包商对工程质量水平提升的偏好度；γ 为营销努力效应，代表开发商的营销努力对需求的影响程度。类似的需求函数还被王（Wang，2017）、古尔纳尼（Gurnani，2010）和宋佳（Jian S，2017）采用。

合同价格决策模型上标为 1；基于创新水平的合同价格决策模型上标为 2；成本分担决策模型上标为 3；W_D，W_C 分别代表开发商和承包商的利润函数。为了简便模型计算，没有考虑承包商建造成本，但并不影响仿真结果及分析。

8.3　开发商激励承包商技术创新的契约决策模型

8.3.1　基于技术价格激励承包商技术创新决策模型

该激励情形下，开发商首先向承包商提供技术价格契约，承包商根据契约内容进行绿色建筑技术创新投资并决定创新水平和技术价格，最后开发商依据承包商技术创新情况进行营销宣传，并直接销售予业主方，决定产品价格和营销努力水平。在此情形下，开发商和承包商的利润函数可以表示为：

$$W_D^1 = (p - w)(\pi_0 - \alpha p + \beta a + \gamma b) - \frac{1}{2}kb^2 \qquad (8-1)$$

$$W_C^1 = w(\pi_0 - \alpha p + \beta a + \gamma b) - \frac{a^2}{2c} \qquad (8-2)$$

采用逆向递推法求解上述方程，对式（8-1）分别求 p 和 b 的一阶导数并令其为零，得到：

$$p' = \frac{k(\pi_0 + \beta a) + w(\alpha k - \gamma^2)}{2\alpha k - \gamma^2} \qquad (8-3)$$

$$b' = \frac{\gamma(\pi_0 + \beta a - \alpha w)}{2\alpha k - \gamma^2} \qquad (8-4)$$

将 p^1，b^1 代入式（8-2）中，有：

$$W_C^1 = \frac{\alpha k w(\pi_0 - \alpha w + \beta a)}{2\alpha k - \gamma^2} - \frac{a^2}{2c} \qquad (8-5)$$

由式（8-5）可得 W_C^1 的海塞矩阵为：

$$H = \begin{vmatrix} \dfrac{\partial^2 W_C^1}{\partial w^2} & \dfrac{\partial^2 W_C^1}{\partial w \partial a} \\[3mm] \dfrac{\partial^2 W_C^1}{\partial a \partial w} & \dfrac{\partial^2 W_C^1}{\partial a^2} \end{vmatrix} = \begin{vmatrix} \dfrac{-2\alpha^2 k}{2\alpha k - \gamma^2} & \dfrac{\alpha \beta k}{2\alpha k - \gamma^2} \\[3mm] \dfrac{\alpha \beta k}{2\alpha k - \gamma^2} & \dfrac{-1}{c} \end{vmatrix} \qquad (8-6)$$

可得 $|H| = \dfrac{\alpha^2 k(4\alpha k - 2\gamma^2 - \beta^2 ck)}{c(2\alpha k - \gamma^2)^2} > 0$，又由其一阶顺序主子式 $H_1 = \dfrac{-2\alpha^2 k}{2\alpha k - \gamma^2} < 0$，所以承包商利润函数 W_C^1 是 w 和 a 的联合严格凹函数，因此 W_C^1 有极大值。则：

$$w^1 = \frac{\pi_0(2\alpha k - \gamma^2)}{\alpha(4\alpha k - 2\gamma^2 - \beta^2 ck)} \qquad (8-7)$$

$$a^1 = \frac{\beta ck \pi_0}{4\alpha k - 2\gamma^2 - \beta^2 ck} \qquad (8-8)$$

将式（8-7）和式（8-8）代入式（8-3）和式（8-4）中，可得到产品价格和营销努力水平分别为：

$$p^1 = \frac{\pi_0(3\alpha k - \gamma^2)}{\alpha(4\alpha k - 2\gamma^2 - \beta^2 ck)} \qquad (8-9)$$

$$b^1 = \frac{\gamma \pi_0}{4\alpha k - 2\gamma^2 - \beta^2 ck} \qquad (8-10)$$

那么，开发商和承包商的利润函数分别为：

$$W_D^1 = \frac{k\pi_0^2(2\alpha k - \gamma^2)}{2(4\alpha k - 2\gamma^2 - \beta^2 ck)^2} \qquad (8-11)$$

$$W_C^1 = \frac{k\pi_0^2}{2(4\alpha k - 2\gamma^2 - \beta^2 ck)} \qquad (8-12)$$

8.3.2 基于创新水平的技术价格激励承包商技术创新决策模型

根据已有相关学者的研究结论，基于创新水平的技术价格激励契约，研究在该种激励方式下承包商进行绿色建筑技术创新的决策。首先，开发商向承包商转移固定费用 π_1 用来激励承包商进行技术创新，承包商根据契约内容进行创新水平决策，决定创新水平 a；其次，开发商根据技术创新水平决定产品价格 p、技术价格 w 和营销努力水平 b。假设承包商在技术创新过程中的保留利润为 π_2，基于此，开发商和承包商的利润函数可以表示为：

$$W_D^2 = (p - w)(\pi_0 - \alpha p + \beta a + \gamma b) - \frac{1}{2}kb^2 - \pi_1 \qquad (8-13)$$

$$W_c^2 = w(\pi_0 - \alpha p + \beta a + \gamma b) - \frac{a^2}{2c} + \pi_1 \qquad (8-14)$$

$$s.t. \ w(\pi_0 - \alpha p + \beta a + \gamma b) - \frac{a^2}{2c} + \pi_1 \geqslant \pi_2 \qquad (8-15)$$

同样采取逆向递推法求解上述方程，首先对式（8-13）分别求关于 p 和 b 的一阶偏导数并令其为零得到：

$$p'' = \frac{k(\pi_0 + \beta a) + w(\alpha k - \gamma^2)}{2\alpha k - \gamma^2} \qquad (8-16)$$

$$b'' = \frac{\gamma(\pi_0 + \beta a - \alpha w)}{2\alpha k - \gamma^2} \qquad (8-17)$$

将式（8-16）和式（8-17）代入式（8-14）中，并对 a 求一阶导数并令其为零得到：

$$a = \frac{\alpha\beta ckw}{2\alpha k - \gamma^2} \qquad (8-18)$$

在基于创新水平的技术价格激励契约下，开发商在确保承包商获得保留利润的前提下确定固定费用转移和技术产品的技术价格，因此，开发商的激励内容为：

$$w^2 = \frac{\beta^2 ck\pi_0(2\alpha k - \gamma^2)}{\alpha(2\alpha k - \gamma^2)(4\alpha k - 2\gamma^2 - \beta^2 ck) - \alpha(\beta^2 ck - 2\alpha k + \gamma^2)^2}$$

$$(8-19)$$

$$\pi_1^2 = \frac{\beta^2 ck^2 \pi_0^2 [2(2\alpha k - \gamma^2)^2 - \beta^4 c^2 k^2]}{\alpha[(2\alpha k - \gamma^2)(4\alpha k - 2\gamma^2 - \beta^2 ck) - (\beta^2 ck - 2\alpha k + \gamma^2)^2]^2}$$

$$(8-20)$$

将式（8-19）和式（8-20）代入开发商和承包商利润函数中，得到开发商决策的产品价格和开发商的营销努力水平：

$$p^2 = \frac{k\pi_0(2\alpha k - \gamma^2)(\alpha + \beta^2 c)}{\alpha(2\alpha k - \gamma^2)(4\alpha k - 2\gamma^2 - \beta^2 ck) - \alpha(\beta^2 ck - 2\alpha k + \gamma^2)^2}$$

$$(8-21)$$

$$b^2 = \frac{\gamma\pi_0(2\alpha k - \gamma^2)}{(2\alpha k - \gamma^2)(4\alpha k - 2\gamma^2 - \beta^2 ck) - (\beta^2 ck - 2\alpha k + \gamma^2)^2} \quad (8-22)$$

技术产品的创新水平为：

$$a^2 = \frac{\beta^3 c^2 k^2 \pi_0}{(2\alpha k - \gamma^2)(4\alpha k - 2\gamma^2 - \beta^2 ck) - (\beta^2 ck - 2\alpha k + \gamma^2)^2} \quad (8-23)$$

所以，在此情形下，开发商和承包商的利润函数可以表示为：

$$W_D^2 = \frac{2\pi_0^2(2\alpha k - \gamma^2)^2(\alpha k^2 - \gamma^2 - \beta^2 ck) + \beta^6 c^3 k^4 \pi_0^2}{2[(2\alpha k - \gamma^2)(4\alpha k - 2\gamma^2 - \beta^2 ck) - (\beta^2 ck - 2\alpha k + \gamma^2)^2]^2}$$

$$(8-24)$$

$$W_C^2 = \pi_2 \qquad\qquad (8-25)$$

8.3.3 基于成本分担激励承包商技术创新决策模型

首先开发商向承包商提供成本分担比例为 η，一旦承包商接受将进行技术创新活动投资并决定创新水平和技术价格，随后，开发商根据承包商技术创新水平，决定技术产品的产品价格和营销努力水平。因此基于该情形，开发商和承包商的利润函数分别表示为：

$$W_D^3 = (p - w)(\pi_0 - \alpha p + \beta a + \gamma b) - \frac{1}{2}kb^2 - \frac{\eta a^2}{2c} \qquad (8-26)$$

$$W_C^3 = w(\pi_0 - \alpha p + \beta a + \gamma b) - \frac{(1-\eta)a^2}{2c} \qquad (8-27)$$

同样采用逆向求解法对上述方程进行求解，可以得到在成本分担下开发商和承包商的决策如下：

$$p(\eta) = \frac{\pi_0(3\alpha k - \gamma^2)(1-\eta)}{\alpha[2(2\alpha k - \gamma^2)(1-\eta) - \beta^2 ck]} \quad b(\eta) = \frac{\gamma\pi_0(1-\eta)}{2(2\alpha k - \gamma^2)(1-\eta) - \beta^2 ck}$$

$$w(\eta) = \frac{\pi_0(2\alpha k - \gamma^2)(1-\eta)}{\alpha[2(2\alpha k - \gamma^2)(1-\eta) - \beta^2 ck]} \quad a(\eta) = \frac{\alpha ck\pi_0}{2(2\alpha k - \gamma^2)(1-\eta) - \beta^2 ck}$$

将上述四式代入式（8-25）中，得到开发商含有唯一参数成本分担比例 η 的利润函数，开发商根据利润最大化原则进行决策，求得最优成本分担系数：

$$\eta = \frac{\beta^2 ck}{4(2\alpha k - \gamma^2)} \tag{8-28}$$

由最优成本分担系数得到开发商和制造商在成本分担契约下技术产品的产品价格和营销努力程度的最优决策分别为：

$$p^3 = \frac{\pi_0(3\alpha k - \gamma^2)[4(2\alpha k - \gamma^2) - \beta^2 ck]}{2\alpha(2\alpha k - \gamma^2)[4(2\alpha k - \gamma^2) - 3\beta^2 ck]}$$

$$b^3 = \frac{\gamma\pi_0[4(2\alpha k - \gamma^2) - \beta^2 ck]}{2(2\alpha k - \gamma^2)[4(2\alpha k - \gamma^2) - 3\beta^2 ck]}$$

则技术价格和创新水平分别为：

$$w^3 = \frac{4\pi_0(2\alpha k - \gamma^2) - \beta^2 ck\pi_0}{2\alpha[4(2\alpha k - \gamma^2) - 3\beta^2 ck]} \quad a^3 = \frac{2\beta ck\pi_0}{4(2\alpha k - \gamma^2) - 3\beta^2 ck}$$

因此，开发商和承包商在成本分担契约下的利润函数分别表示为：

$$W_D^3 = \frac{k\pi_0^2[4(2\alpha k - \gamma^2) + \beta^2 ck]}{8(2\alpha k - \gamma^2)[4(2\alpha k - \gamma^2) - 3\beta^2 ck]} \tag{8-29}$$

$$W_C^3 = \frac{k\pi_0^2[4(2\alpha k - \gamma^2) - \beta^2 ck][8(2\alpha k - \gamma^2) - 3\beta^2 ck]}{4(2\alpha k - \gamma^2)[4(2\alpha k - \gamma^2) - 3\beta^2 ck]^2} \tag{8-30}$$

8.4 对比分析

基于上述三种激励契约情形下的开发商和承包商决策，通过对比分析不同激励模式，揭示创新效应和营销努力效应对开发商和承包商决策的影响机制。

结论 1：绿色技术产品的产品价格、营销努力水平、技术价格和创新能力水平随着承包商创新能力的增加而增加，随着营销努力成本增加而降低。

证明：对于三种不同激励契约，以基于技术价格激励承包商技术创新决策模型为例进行验证。

（1）对 p^1，b^1，w^1，a^1 分别对 c 求一阶导数得到：

$$\frac{\partial p^1}{\partial c} = \frac{\beta^2 k\pi_0(3\alpha k - \gamma^2)}{\alpha(4\alpha k - 2\gamma^2 - \beta^2 ck)^2} > 0 \qquad \frac{\partial b^1}{\partial c} = \frac{\beta^2 \gamma k\pi_0}{(4\alpha k - 2\gamma^2 - \beta^2 ck)^2} > 0$$

$$\frac{\partial w^1}{\partial c} = \frac{\beta^2 k\pi_0(2\alpha k - \gamma^2)}{\alpha(4\alpha k - 2\gamma^2 - \beta^2 ck)^2} > 0 \qquad \frac{\partial a^1}{\partial c} = \frac{\beta^2 k\pi_0(4\alpha k - 2\gamma^2)}{(4\alpha k - 2\gamma^2 - \beta^2 ck)^2} > 0$$

由上式可知一阶导数值大于零，即证得产品价格、营销努力水平、技术价格和创新能力水平随着承包商创新能力的增加而增加。

（2）对 p^1，b^1，w^1，a^1 分别对 k 求一阶导数得：

$$\frac{\partial p^1}{\partial k} = \frac{-(2\alpha\gamma^2\pi_0 + \beta^2\gamma^2 c\pi_0)}{\alpha(4\alpha k - 2\gamma^2 - \beta^2 ck)^2} < 0 \qquad \frac{\partial b^1}{\partial k} = \frac{-\gamma\pi_0(4\alpha - \beta^2 c)}{(4\alpha k - 2\gamma^2 - \beta^2 ck)^2} < 0$$

$$\frac{\partial w^1}{\partial k} = \frac{-\beta^2\gamma^2 c\pi_0}{\alpha(4\alpha k - 2\gamma^2 - \beta^2 ck)^2} < 0 \qquad \frac{\partial a^1}{\partial k} = \frac{-2\beta\gamma^2 c\pi_0}{(4\alpha k - 2\gamma^2 - \beta^2 ck)^2} < 0$$

根据一阶导数值小于零，可证得产品价格、营销努力水平、技术价格和创新能力水平随着营销努力成本增加而降低。

另两种契约情形下也同样采用上述证明方法即可得证。

结论 1 说明一方面随着承包商创新能力的逐步提高，绿色技术创新效用就越高，承包商的创新水平也会随之提高，开发商通过了解承包商技术创新水平后也更加积极地进行市场营销宣传，以获取更大的市场份额；另一方面营销成本的增加表明当开发商营销努力水平对需求的影响较弱时，便会迫使开发商减少市场投入，而承包商通过观测开发商此种行为认为创新不确定性风险增加，就不愿投入较多的创新成本，创新水平也会随之降低。随着创新能力的提升，承包商为获得产品溢价，会提升技术价格；而开发商为实现自身利益最大化，也会随之提高产品价格以获取最大利润。出现此行为主要是由于事前承诺的无效性而导致的，因为开发商在激励承包商进行技术创新时，开发商和承包商首先要实现契约承诺的有效性。

结论 2：无论何种激励形式下，绿色技术产品的产品价格、技术价格均是关于技术创新效用、营销努力效应的增函数。

证明：以基于技术价格激励承包商技术创新决策模型为例进行验证。

（1）对 p^1，w^1 分别求关于 β 一阶导数得到：

$$\frac{\partial p^1}{\partial \beta} = \frac{2\beta ck\pi_0(3\alpha k - \gamma^2)}{\alpha(4\alpha k - 2\gamma^2 - \beta^2 ck)^2} > 0 \qquad \frac{\partial w^1}{\partial \beta} = \frac{2\beta ck\pi_0(2\alpha k - \gamma^2)}{\alpha(4\alpha k - 2\gamma^2 - \beta^2 ck)^2} > 0$$

根据一阶导数值大于零，可以证得绿色技术产品的产品价格、技术价格是关于技术创新效用的增函数。

（2）对 p^1，w^1 分别求关于 γ 一阶导数得到：

$$\frac{\partial p^1}{\partial \gamma} = \frac{\gamma k\pi_0(4\alpha + 2\beta^2 c)}{\alpha(4\alpha k - 2\gamma^2 - \beta^2 ck)^2} > 0 \qquad \frac{\partial w^1}{\partial \gamma} = \frac{2\beta^2\gamma ck\pi_0}{\alpha(4\alpha k - 2\gamma^2 - \beta^2 ck)^2} > 0$$

根据一阶导数值大于零，可以证得绿色技术产品的产品价格、技术价格是关于营销努力效应的增函数。

结论 2 表明，开发商和承包商都得益于技术创新效用和营销努力效应的增加，从而实现自身利润最大化。技术创新效用越大，说明消费者对绿色产品的接受度就越高，越能激励承包商进行绿色建筑技术创新，以提升创新水平；而开发商同样也会投入更多的营销成本，例如扩大市场份额、进行广告宣传等方式，进而更加地贴切消费者的消费意愿，促使市场需求增加，同样又会激励承包商进行绿色技术创新。

结论 3：基于创新水平的技术价格激励承包商技术创新决策模型下，当 $0 < \beta < \sqrt{\dfrac{2\alpha k - \gamma^2}{2ck}}$ 时，营销努力水平随着技术创新效用的增加反而降低；当 $\sqrt{\dfrac{2\alpha k - \gamma^2}{2ck}} < \beta < 1$ 时，营销努力水平随着技术创新效用的增加而提高；当 $\beta = \sqrt{\dfrac{2\alpha k - \gamma^2}{2ck}}$ 时，营销努力水平取得最小值；而在技术价格和成本分担激励契约下，营销努力水平随着技术创新效用的增加而提高。

证明：（1）基于创新水平的技术价格激励承包商技术创新决策模型：

对 b^2 求关于 β 的一阶导数得到：

$$\frac{\partial b^2}{\partial \beta} = \frac{-2\beta\gamma ck\pi_0(2\alpha k - \gamma^2 - 2\beta^2 ck)}{[(2\alpha k - \gamma^2)(4\alpha k - 2\gamma^2 - \beta^2 ck) - (\beta^2 ck - 2\alpha k + \gamma^2)^2]^2}$$

令 $\frac{\partial b^2}{\partial \beta} = 0$，得到 $2\alpha k - \gamma^2 - 2\beta^2 ck = 0$，解得 $\beta = \sqrt{\dfrac{2\alpha k - \gamma^2}{2ck}}$。即当 $0 < \beta < \sqrt{\dfrac{2\alpha k - \gamma^2}{2ck}}$ 时，$\frac{\partial b^2}{\partial \beta} < 0$，营销努力水平随着技术创新效用的增加反而降低；当 $\sqrt{\dfrac{2\alpha k - \gamma^2}{2ck}} < \beta < 1$ 时，$\frac{\partial b^2}{\partial \beta} > 0$，营销努力水平随着技术创新效用的增加而提高。所以，当 $\beta = \sqrt{\dfrac{2\alpha k - \gamma^2}{2ck}}$ 时，b^2 取得最小值。

（2）在技术价格和成本分担激励模型下，对 b^1，b^3 分别求关于 β 的一阶导数得到：

$$\frac{\partial b^1}{\partial \beta} = \frac{2\beta\gamma ck\pi_0}{(4\alpha k - 2\gamma^2 - \beta^2 ck)^2} > 0 \qquad \frac{\partial b^3}{\partial \beta} = \frac{6\gamma\pi_0}{[4(2\alpha k - \gamma^2) - 3\beta^3 ck]^2} > 0$$

即在技术价格和成本分担激励契约下，营销努力水平随着技术创新效用的增加而提高得证。

结论3揭示了不同激励模式下开发商的营销努力与创新效用之间的关系。在技术价格和成本分担激励形式下，开发商的营销努力水平是技术创新效用的增函数，随着技术创新效用的增加而增加。因为在此两种情形下，创新程度与技术价格完全是由承包商进行决定，开发商可以在保证自身利益最大化的前提下进行激励转移，基于创新水平的技术价格激励模式下，开发商要在保障承包商留存收益的前提下进行激励利润转移，因此当技术创新效用较低即消费者对绿色技术认可度较低时，开发商也不愿投入较多的营销成本，而随着认可度逐渐增加，开发商也会随之提高营销投入，这是技术创新效用和营销努力效应综合作用的结果。

推论1：技术创新效用是开发商和承包商进行创新成本分担的内在动力。成本分担系数随着技术创新效用和营销努力效应的增加而增加。

证明：对 η 分别求关于 β，γ 的一阶导数得：

$$\frac{\partial \eta}{\partial \beta} = \frac{\beta ck}{2(2\alpha k - \gamma^2)} > 0 \qquad \frac{\partial \eta}{\partial \gamma} = \frac{\beta^2 \gamma ck}{2(2\alpha k - \gamma^2)^2} > 0$$

根据一阶导数值大于零，即成本分担系数随着技术创新效用和营销努力效应的增加而增加得证。当 $\beta \to 0$ 时，$\eta \to 0$；当 $\gamma \to 0$ 时，$\eta = \frac{\beta^2 c}{8\alpha} > 0$。

推论 1 表明了营销努力效应和技术创新效用对开发商激励承包商进行技术创新的互动机制，技术创新效用是开发商和承包商进行创新成本分担的内在动力，开发商的营销努力效应只是提高了开发商和承包商的创新成本分担比例。因为随着消费者认可度的增加，推动创新能够逐步满足消费者的需求，同时增加了开发商的收入，开发商也愿意与承包商进行创新成本分担。虽然营销努力效应的降低，会导致创新成本分担比例降低，当认可度趋于零时，创新成本分担比例取得最小，但由于技术创新效用的存在，开发商依然会选择与承包商进行创新成本分担以实现自身利益最大化。

结论 4：开发商利润、营销努力水平和承包商创新水平在三种激励情形下的关系如下：

（1）三种情形下开发商利润和营销努力水平的大小关系：

当 $0 < \beta < \sqrt{\dfrac{2\alpha k - \gamma^2}{2ck}}$ 时，$W_D^1 < W_D^2 < W_D^3$，$b^1 < b^2 < b^3$；

当 $\sqrt{\dfrac{2\alpha k - \gamma^2}{2ck}} < \beta < 1$ 时，$W_D^1 < W_D^3 < W_D^2$，$b^1 < b^3 < b^2$。

（2）三种情形下承包商创新水平的关系：$a^1 < a^2 < a^3$。

证明：首先将 b^1，b^3 作差得到：

$$b^1 - b^3 = \frac{\gamma \pi_0}{4\alpha k - 2\gamma^2 - \beta^2 ck} - \frac{\gamma \pi_0 [4(2\alpha k - \gamma^2) - \beta^2 ck]}{2(2\alpha k - \gamma^2)[4(2\alpha k - \gamma^2) - 3\beta^2 ck]}$$

$$= \frac{-\beta^4 c^2 k^2}{2(2\alpha k - \gamma^2)[4(2\alpha k - \gamma^2) - 3\beta^2 ck](4\alpha k - 2\gamma^2 - \beta^2 ck)} < 0$$

即：$b^1 < b^3$。

$$b^2 - b^3 = \frac{\gamma \pi_0 (2\alpha k - \gamma^2)}{(2\alpha k - \gamma^2)(4\alpha k - 2\gamma^2 - \beta^2 ck) - (\beta^2 ck - 2\alpha k + \gamma^2)^2}$$

$$-\frac{\gamma\pi_0\left[4(2\alpha k-\gamma^2)-\beta^2 ck\right]}{2(2\alpha k-\gamma^2)\left[4(2\alpha k-\gamma^2)-3\beta^2 ck\right]}$$

$$=\frac{\left[4(2\beta k-\gamma^2)-\beta^2 ck\right](\beta^2 ck-2\alpha k+\gamma^2)-\beta^4 c^2 k^2(2\alpha k-\gamma^2)}{(2\alpha k-\gamma^2)(4\alpha k-2\gamma^2-\beta^2 ck)-(\beta^2 ck-2\alpha k+}$$
$$\gamma^2)^2 2(2\alpha k-\gamma^2)\left[4(2\alpha k-\gamma^2)-3\beta^2 ck\right]$$

令 $b^2-b^3=0$，得到 $\beta=\sqrt{\dfrac{2\alpha k-\gamma^2}{2ck}}$。当 $0<\beta<\sqrt{\dfrac{2\alpha k-\gamma^2}{2ck}}$ 时，$b^2-b^3<0$；

当 $\sqrt{\dfrac{2\alpha k-\gamma^2}{2ck}}<\beta<1$ 时，$b^2-b^3>0$。

同理，可以证得 $b^2-b^1>0$。

所以，当 $0<\beta<\sqrt{\dfrac{2\alpha k-\gamma^2}{2ck}}$ 时，$b^1<b^2<b^3$；当 $\sqrt{\dfrac{2\alpha k-\gamma^2}{2ck}}<\beta<1$ 时，

$b^1<b^3<b^2$。

开发商利润和承包商创新水平证明过程跟上述类似，故不再重复证明。

结论 4 揭示了不同激励情形下营销努力水平、创新水平和开发商利润之间的关系。从对比结果来看，虽然开发商在基于创新水平的技术价格契约中获利较高，但此时承包商的创新水平较低甚至低于技术价格契约时的情形。这是因为一方面在基于创新水平的技术价格契约下，开发商拥有相对完整的信息，开发商决定产品价格、技术价格和营销水平；而承包商只对创新水平进行决策，相对来说，承包商的创新风险增加，承包商创新意愿较低。另一方面是因为技术创新效用和营销努力效应联合作用。在基于创新水平的技术价格情形下，开发商的营销水平较高，当技术创新效用一定时，开发商的利润随着营销努力效应的增加而增加，因此在基于创新水平的技术价格情形下开发商能够获取较高的利润；创新成本分担契约分担了承包商部分的创新投入成本，此时承包商的创新水平高于另外两种激励情形下的创新水平。当技术创新效用或营销努力效应较低时，在这两种效应作用下开发商在成本分担情形下获得的利润最高，但随着技术创新效用增加或营销努力效应增加，成本分担下开发商付出的营销成本低于基于创新水平的技术价格契约情形。

8.5 数值仿真

通过采取参数赋值分析技术创新效用和营销努力效应影响开发商激励承包商技术创新水平和营销努力水平的灵敏度，并进一步分析了相关参数对技术创新水平和营销努力水平以及开发商和承包商利润情况，相关参数赋值如表 8 -1 所示。

表 8 -1　　　　　　　　　　　　模型相关参数赋值

参数	π_0	α	β	γ	c	k
数值	55	0.7	0.5	0.4	0.3	0.5

8.5.1 技术创新效用与营销努力效应对技术创新水平和营销努力水平的灵敏度分析

技术创新效用衡量承包商对工程质量水平提升的偏好度，也表征业主方对新工程技术产品的接受程度；而营销努力效应是开发商为了扩大市场影响力，通过广告等宣传方式而促进市场需求量的增加。在表 8 -1 赋值的基础上，主要分析技术创新效用和营销努力效应对创新水平、营销努力水平的影响。

表 8 -2 反映了当 $\beta = 0.5$，$0.1 \leqslant \gamma \leqslant 0.8$ 时，营销努力水平和创新水平随着营销努力效应的变化情况。从表中可以看出，在任一情形下，营销努力水平和创新水平随着营销努力效应的增加而增加。营销努力效应的增加说明消费者对绿色技术的认可度增加，从而降低了市场需求不确定性风险的存在，开发商也愿意增加投入营销成本，当这些信息被承包商得知时，承包商也愿意更加积极主动地进行绿色技术创新。营销努力效应的增加表明开发商通过广告宣传等方式扩大了市场规模，消费者认可度增加促进需求提高，随之开发商的利润也得到增加。

表 8 - 2 　　　　　营销努力效应 γ 对变量 a，b 的灵敏度分析

γ	a^1	a^2	a^3	b^1	b^2	b^3
0.1	3.0726	0.3090	3.1161	4.0968	7.5814	4.0984
0.2	3.2164	0.3371	3.2641	8.5770	15.8189	8.5806
0.3	3.4884	0.3449	3.5446	12.9666	25.5737	13.9604
0.4	3.9568	0.4983	4.0293	21.1031	38.2678	21.1165
0.5	4.7826	0.7097	4.8889	31.8841	56.7742	31.9136
0.6	6.4202	1.2186	6.6132	51.3619	88.3856	51.4470
0.7	10.7843	3.0590	11.3402	100.6536	159.8813	101.1168
0.8	11.7539	34.8101	64.7059	533.3333	594.0928	582.3529

表 8 - 3 反映了当 $\gamma = 0.4$，$0.1 \leqslant \beta \leqslant 0.8$ 时，营销努力水平和创新水平随着技术创新效用的变化情况。从表中可以得出，在任一激励契约下营销努力水平和创新水平随着技术创新效用的增加而增加，从而验证了结论 3。技术创新效用越高表明绿色技术的市场认可度越好，越能激励承包商进行绿色技术创新，此时开发商也会投入相对较多的营销成本，扩大市场份额，进而开发商的利润也会得到增加。

表 8 - 3 　　　　　技术创新效用 β 对变量 a，b 的灵敏度分析

β	a^1	a^2	a^3	b^1	b^2	b^3
0.1	0.7650	0.0042	0.7655	20.3987	40.6282	20.3987
0.2	1.5363	0.0336	1.5406	20.4842	48.2980	20.4845
0.3	2.3207	0.1119	2.3355	20.6282	39.7713	20.6299
0.4	3.1250	0.2605	3.1609	20.8333	39.0810	20.8387
0.5	3.9568	0.4983	4.0293	21.1031	38.2678	21.1165
0.6	4.8246	0.8410	4.9550	21.4425	37.3768	21.4715
0.7	5.7606	1.3112	5.9551	21.9451	36.6975	21.9143
0.8	6.7073	1.8957	7.0513	22.3577	35.5450	22.4596

8.5.2　创新能力和营销成本系数对相关变量的影响

创新能力和营销努力成本系数是影响开发商和承包商进行决策的主要因

素。例如投入成本较高时，开发商和承包商进行技术创新的积极性越低。下文分别考查了创新能力和营销成本系数对创新水平、营销努力水平和开发商利润的影响以及创新能力和营销成本系数的联合作用机制，其中，黑色线条表示技术价格契约情形；深灰色线条表示基于创新水平的技术价格契约情形；浅灰色线条表示成本分担契约情形。

（1）创新能力对创新水平、营销努力水平和开发商利润的影响研究。图8-2~图8-4反映了若营销努力成本系数 $k=0.5$ 时，在不同契约情形下当承包商创新能力 $0<c<1$ 时对创新水平、营销努力水平和制造商利润的影响。

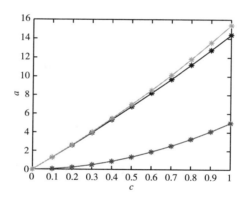

图 8-2　创新能力对创新水平的影响

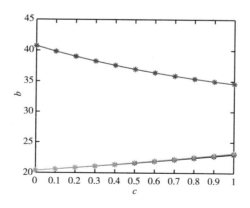

图 8-3　创新能力对营销努力水平的影响

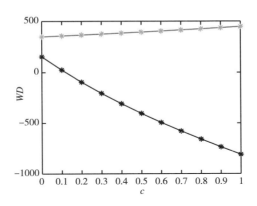

图 8－4　创新能力对开发商利润的影响

从图 8－2 可以看出，在任何情形下创新水平随着创新能力的提升而提升。由于创新能力越强，在同等努力程度下付出的创新成本就越低，创新效用就越高，承包商也更愿进行技术创新。通过对比三种激励契约，成本分担契约下创新水平最高，而基于创新水平的技术价格契约中承包商的创新水平低于技术价格契约情形。因为在基于创新水平的技术价格契约中开发商占据了绝对的主导地位，开发商决定技术价格、产品价格和营销努力水平；承包商只能确定创新水平，不确定因素较多，承包商创新意愿较低。

图 8－3 反映了在不同契约下承包商创新能力对营销努力水平的影响。从图中可以发现，在技术价格和成本分担契约下，创新能力对营销努力水平的影响程度较低；在基于创新水平的技术价格契约下影响，创新能力对营销努力水平的影响程度相对较高。因为在此情形下，开发商能够及时掌握创新水平，对营销努力水平能够作出灵敏的调整。

图 8－4 反映了创新能力对开发商利润的影响。从图中可以看出，在技术价格和成本分担契约下，开发商利润随着创新能力的增加而增加。

（2）营销努力成本系数对创新水平、营销努力水平和开发商利润的影响研究。图 8－5~图 8－7 反映了当 $c=0.5$ 时，不同契约情形下营销努力成本系数 k 对创新水平、营销努力水平和开发商利润的影响。

图 8－5 反映了在不同契约情形下，营销努力成本系数对创新水平的影响。从图中可以发现，创新水平随着营销努力成本系数的增加而降低，受营

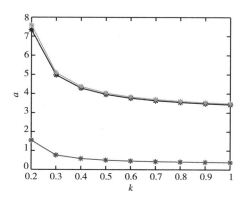

图 8 - 5　营销努力成本系数对创新能力的影响

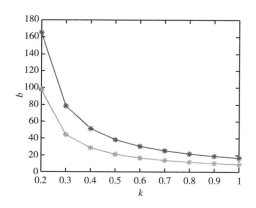

图 8 - 6　营销努力成本系数对营销努力水平的影响

销努力成本系数的影响。在创新成本分担情形下，承包商创新水平高于另外两种情形；技术价格契约下，承包商创新水平变化相对缓慢。但有趣的是，基于创新水平的技术价格契约下承包商创新水平低于技术价格契约，这是由于技术价格和固定转移费用都是由开发商确定的。承包商只决定创新水平，受成本和收益的影响，承包商创新水平较低，验证了结论 4。

图 8 - 6 反映了营销努力成本系数对营销努力水平的影响。随着营销努力成本系数的增加，营销努力水平降低。由于营销成本系数的提高使得绿色技术认可度较低，开发商不愿意进行积极的市场宣传。与其他两种情形相比，基于创新水平的技术价格契约下，开发商的努力水平最高。

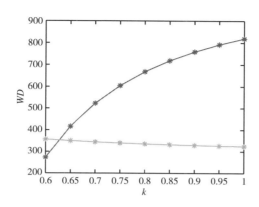

图 8 – 7　营销努力成本系数对开发商利润的影响

图 8 – 7 揭示了营销努力成本系数对开发商利润的影响。从图中曲线走势可以发现，随着营销努力成本系数的增加，技术价格和成本分担契约下，开发商利润随之降低，原因在于营销努力成本系数的增加促使开发商成本的增加，而营销努力效应带来的收入较低时，开发商的利润将呈现出减少的情况。在三种激励契约下，开发商在基于创新水平的技术价格契约中获益最大。

（3）创新能力和营销努力成本系数对创新水平、营销努力水平和开发商利润的联合影响研究。当 $\pi_0 = 55$，$\alpha = 0.7$，$\beta = 0.5$，$\gamma = 0.4$ 时，图 8 – 8 ~ 图 8 – 10 反映营销努力成本系数 k 和创新能力 c 在不同契约情形下对创新水平、营销努力水平和开发商利润的影响。

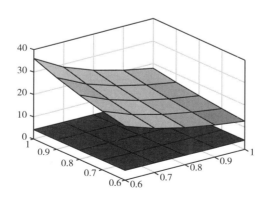

图 8 – 8　营销努力成本系数和创新能力对营销努力水平的联合作用

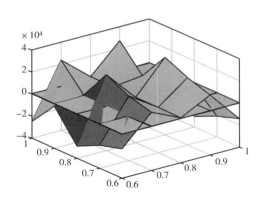

图 8 - 9　营销努力成本系数和创新能力对创新水平的联合作用

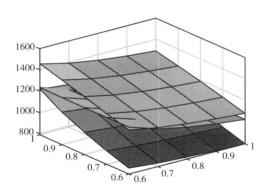

图 8 - 10　营销努力成本系数和创新能力对开发商利润的联合作用

图 8 - 8 反映了营销努力水平受创新能力和营销努力成本系数联合影响的变化。从图中可以发现，随着营销努力成本系数的增加，营销努力水平降低；随着创新能力水平的提高，营销努力水平也会随之提高。但是在任一情形下，营销努力水平呈下降趋势。

图 8 - 9 反映了营销努力成本系数和创新能力对创新水平的联合作用。根据图形走势可以看出，随着营销努力成本系数的增加，创新水平会呈现出降低的趋势；但随着创新能力的增加，创新水平将会提高。

图 8 - 10 反映了营销努力成本系数和创新能力对开发商利润的联合作用。从图中可得，随着创新能力的增加，开发商利润随之增加；随着营销成本努力系数的增加，开发商利润会随之减少。

8.6　小　　结

考虑在开发商和承包商组成的供应链系统中，营销努力和创新能力同时影响市场需求时，开发商激励承包商进行绿色技术创新的决策模型，运用博弈理论研究在技术价格契约、基于创新水平的技术价格契约和成本分担契约下开发商和承包商的投入决策，并对比分析了技术创新效用和营销努力效应对开发商和承包商决策的影响机制，为开发商选择恰当的激励方式提供参考，最后利用 Matlab 仿真软件进行了数值模拟分析。

在已有研究成果的基础上，本书研究了技术创新效用和营销努力效应同时影响需求时，开发商激励承包商进行绿色建筑技术创新的问题对提升绿色技术创新具有一定的指导意义。因考虑不全，如市场竞争环境、需求不确定性等，在诸多方面可进一步深化。

第9章 研究结论与政策建议

9.1 研究结论

创新联合体是我国应对复杂国际竞争形势、突破关键核心技术"卡脖子"问题、迈向高水平科技自立自强而提出的一种创新型组织机制。当前,我国重大工程建设稳步推进,但由于环境特殊、规模庞大、技术复杂,工程建设面临巨大挑战,迫切需要技术创新与突破。组建重大建设工程技术创新联合体有助于促进产学研各界开展协同创新,助力实现重大建设工程技术创新特别是关键核心共性技术突破。然而,目前关于创新联合体的组建和发展方案仍处于探索阶段,因此,通过运用定性比较分析和演化博弈等相关方法与理论,探究重大建设工程技术创新联合体的形成路径和多视域下创新主体行为演化过程。最终,得出如下结论:

(1)重大建设工程技术创新联合体的形成是由多种因素共同作用的结果。通过模糊集定性比较分析中单个条件变量的必要性分析和条件变量组合的充分性分析,可以得出单个条件变量并不构成重大建设工程技术创新联合体形成的必要条件,重大建设工程技术创新联合体的形成是由外部层面影响因素(市场需求、政府支持)和内部层面影响因素(创新领导者、主体邻近性及异质资源需求)共同作用的结果。

(2)驱动重大建设工程技术创新联合体高形成成效有3条路径,分别为"需求引导—政府驱动型""需求引导—领军企业主导型"以及"异质资源驱动—领军企业主导—邻近主体协同型"路径。3条路径均强调了需求的引导和驱动。不同的是，"需求引导—政府驱动型"路径注重发挥"有为政府"作用；而"需求引导—领军企业主导型"路径则是强调发挥领军企业主导作用；"异质资源驱动—领军企业主导—邻近主体协同型"路径的核心是由领军企业牵头，协同产业链创新链邻近主体，共同组建重大建设工程技术创新联合体。

（3）在创新链视域下，通过分析轨道交通建设工程技术创新链发生混沌时刻的临界值，模拟轨道交通建设工程技术创新链进入混沌状态后对初始值敏感依赖性，验证轨道交通建设工程技术创新链中主体创新能力、创新资源投入、主体间合作伙伴关系等非线性因素综合作用超过一定的阈值时，系统进入混沌状态，为轨道交通建设工程技术创新实践过程中合理投入创新资源、增强主体创新能力及培育主体间合作伙伴关系提供有益的实践指导价值。此外，通过构建混沌控制模型，数值模拟轨道交通建设工程技术创新链混沌控制过程，对调节轨道交通建设工程技术创新链健康发展具有重要现实意义。

（4）在供应链视域下，开展重大建设工程供应链主体博弈决策行为演化复杂性分析，研究发现：当绿色建筑材料制造商和工程总承包商决策稳定时，整个供应链系统处于稳定状态，且绿色建筑材料制造商的决策行为影响工程总承包商的决策；绿色建筑材料制造商均衡批发价格和工程总承包商均衡零售价格都可以表示为关于绿色技术产出的函数。将绿色技术产出看作是一个企业的核心竞争力，在市场中，当其他企业拥有更高的绿色技术产出能力，该企业在市场中将处于劣势，即两种绿色建筑材料在市场中是竞争关系；绿色建筑材料制造商和工程总承包商在长期重复博弈的过程中，应合理地调整自身价格的调整系数，以免导致系统进入混沌无序状态，进而破坏市场内的良性竞争；同时，绿色建筑材料制造商不能一味追求绿色技术产出，需要确立一个合理范围。低标准的补贴水平不利于促进绿色建筑材料制造商绿色技术产出，政府要制定与绿色建筑材料制造商投资水平相当的财政补贴水平。延迟反馈控制方法能够有效控制混沌现象，使混沌无序状态的系统逐渐变成稳定平衡的系统。

（5）基于总承包视域下，构建了重大建设工程技术创新主体（总包商和分包商）的协同创新演化博弈模型，并将声誉因素纳入模型中，考虑在合作的基础上，分析不同因素作用下博弈主体行为的演化过程，结果表明：①总包商和分包商的协同创新合作收益分配比存在一定阈值，当收益分配比略偏向于分包商时，更有利于创新主体向积极协同创新的方向演化；反之，当收益分配比偏向于总包商时，创新主体会在不断博弈过程中最终选择消极协同创新，不利于重大建设工程技术创新的发展和工程建设进度的推进。重大工程复杂性特点使得创新参与主体共同努力才可以完成全部创新工作，合理进行利益分配有利于技术创新的发展。②创新成本的降低会正向促进博弈双方朝着积极协同创新的方向演化，且创新成本越低，博弈双方达到演化稳定的时间越短。由于重大工程具有技术复杂度高、投资周期长等特点，较高的创新成本会使创新主体承担巨大的成本压力和风险，进而影响博弈双方的决策。此外，创新主体的外溢技术吸收能力也会影响主体决策，主体吸收能力越强，系统朝着积极协同创新方向演化的可能性越大。③在声誉效应的基础上考虑消极行为被发现概率，即外界给予重大建设工程技术创新的关注度。研究发现，当声誉贴现系数和消极协同创新被发现概率越大时，重大建设工程技术创新参与主体将会选择积极协同创新策略，且数值越大，系统演化稳定所需时间越短。由于重大工程特殊的社会属性，低水平的监管机制无法凸显作用，适当提高监管水平可以促进双方朝着积极合作的方向演化。

（6）基于平行发包视域，分析承包商绿色建筑技术创新决策行为演化过程，研究结果表明：①技术创新效用和营销努力效应交相影响承包商创新水平，技术创新效用是开发商和承包商进行创新成本分担的内在动力，而营销努力效应推动创新活动的进展；在任一激励契约下创新水平随着技术创新效用的增加而增加，在技术价格和成本分担契约下营销努力水平随着技术创新效用的增加而增加，在一定范围内，营销努力水平随着技术创新效用的增加而减少。②营销努力水平和创新水平随着创新能力的增加而增加；随着营销努力成本系数的增加而降低。③通过对比三种契约，在技术创新效用和营销努力效应综合作用下，虽然开发商在基于创新水平的技术价格契约下获利较高，但此时承包商利润较低甚至低于技术价格契约水平。

9.2　政策建议

基于上述重大建设工程技术创新联合体形成路径及稳定性研究结论，提出以下四点政策建议。

9.2.1　发挥政府引导作用，健全激励与惩罚体制机制

重大工程技术难度高、涉及面广，整体极具复杂性，面临较多技术难题。组建重大建设工程技术创新联合体联合攻克技术难关是目前有效的组织形式，而政府的支持和鼓励能够显著促进创新联合体的形成与发展，约束和惩罚则能够制约成员的投机行为，维系重大建设工程技术创新联合体的稳定。首先，政府应制定相应的资金扶持政策或企业资助政策以促进企业加入重大建设工程技术创新联合体共同完成技术攻关任务，并且这也能缓解重大建设工程技术创新联合体在组建过程中面临的资金短缺等问题。此外，如果能够实现技术创新突破，取得重要的创新成果，政府应给予一定的嘉奖。其次，虽然重大建设工程技术创新联合体内部会制定一些惩罚机制以制约成员可能会出现的投机行为，但作用未必有效，政府作为组织的监督者以及利益的中立方，应制定较为严格的惩罚机制，对于实施"搭便车"行为或背叛行为的成员处以经济和信誉征信等方面的惩罚，减少不良行为，促进重大建设工程技术创新联合体的稳定运行。

9.2.2　构建科学全面的合作伙伴选择标准体系，实现优势互补、合作共赢

选择合作伙伴是组建重大建设工程技术创新联合体的第一步，而找到合适的合作伙伴能够更好地促进重大建设工程技术创新联合体成员间的优势互补，实现合作共赢，维系整个重大建设工程技术创新联合体的稳定。当重大建设工程技术创新联合体内各成员对合作伙伴足够信任时，不仅可以增强彼

此的合作意愿，提高自身的知识投入与共享，同时也不会担心自己面临投入过多却遭到背叛的风险。因此，有必要构建一个科学全面的合作伙伴选择标准体系，能够清楚展现各企业及学研机构的科研能力、经济实力、特色优势以及社会认可度等，在重大建设工程技术创新联合体组建初期帮助龙头或领军企业考虑企业及学研机构的声誉、兼容性以及资源互补性来选择适合的合作伙伴。同时设置一些违约惩罚措施，例如提高背叛和失信成本、降低成员违约的可能性，重大建设工程技术创新联合体的运行也因此更加稳定。

9.2.3 建立健全知识产权保护机制，营造公平合理的合作环境

在团队合作过程中技术溢出现象无法避免，如何避免因这种技术溢出而产生的投机行为是关键。首先，不论是建筑企业还是学研机构，都应该加强自身知识产权保护宣传，在组建重大建设工程技术创新联合体共同研发、共同创新过程中；双方的知识投入以及最后形成的创新成果应该做好保密工作，防止外溢对双方造成较大的利益损失。其次，构建完善的知识产权保护机制，避免重大建设工程技术创新联合体内成员在合作创新过程中出现的投机行为或"搭便车"行为。一方面，建立知识产权保护制度，形成知识产权管理体系，促进创新联合体内成员形成知识产权保护意识，并加强对自身知识产权的管理和保护，防止知识产权遭到侵权；另一方面，重大建设工程技术创新联合体的创新成果分配及知识产权归属问题，是关系创新联合体内成员能否继续稳定合作的重要因素，应建立契约明确利益权属，避免出现界定不清的情况，影响重大建设工程技术创新联合体的稳定。

9.2.4 构建公正合理的利益分配制度，维护创新联合体长期稳定

组建重大建设工程技术创新联合体是为了解决工程技术难题，实现关键核心技术的突破，最直接的成效就是获得利益，而公正合理的利益分配制度是促进创新联合体形成、保障创新联合体稳定运行的关键。一方面，要保证重大建设工程技术创新联合体内各成员分得的利益大于他们各自研发创新的收益，这样才能够调动成员的积极性，使其积极加入重大建设工程技术创新

联合体并参与接下来的工作，并且能够促进成员间的交流合作，维系成员间的关系，促进重大建设工程技术创新联合体的稳定运行；另一方面，建筑企业和学研机构的分工侧重点不同，合理的分配应当是在双方能够接受范围内的，如果超出一定界限就会引发一方的不满，产生纠纷。因此，引入第三方评估机构对创新收益进行合理动态分配，分配的依据是各参与主体投入的成本、承担的风险以及参与度贡献度等，公平公正公开，在满足双方利益诉求的同时建立利益分配制度，避免纠纷的产生。

附录 重大建设工程技术创新联合体形成的影响因素研究调查问卷

尊敬的先生/女士：

您好！对于您能够帮忙填写此份调查问卷我们表示衷心的感谢。本问卷出于学术研究的需要，旨在对重大建设工程技术创新联合体形成的影响因素展开研究。问卷无须署名，您填写的所有信息仅限于获取研究数据进行科学研究，不涉及其他目的，并且我们将完全保密，请您放心填写。再次感谢您的支持与合作！

第一部分：个人基本信息

1. 性别：

A. 男　　　　　　　　B. 女

2. 年龄：

A. 20～30 岁　　B. 30～40 岁　　C. 40～50 岁　　D. 50 岁以上

3. 学历：

A. 高中及以下　　B. 大专　　　　C. 本科　　　　D. 硕士

E. 博士及以上

4. 工作年限：

A. 5 年以下　　B. 6～10 年　　C. 11～15 年　　D. 16～20 年

E. 20 年以上

5. 工作单位：

A. 政府部门　　B. 企业　　　　C. 高校　　　　D. 科研院所

E. 其他

6. 职位：

A. 高级管理人员　　　　　　　B. 中级管理人员

C. 基层管理人员　　　　　　　D. 普通员工

7. 职称：

A. 高级职称 　　　 B. 中级职称 　　　 C. 初级职称 　　　 D. 无职称

第二部分：前因变量及结果变量量表

该部分主要考察市场需求、政府支持、创新领导者、主体邻近性、资源需求对重大建设工程技术创新联合体形成的影响。其中，选项包括"完全不符合""比较不符合""一般""比较符合"和"完全符合"。问卷题目选项无标准答案，更无对错之分，请您根据自身实际情况，在每个问题所给出的答案中选择一个适合的答案。

前因变量量表		完全不符合	比较不符合	一般	比较符合	完全符合
序号	题项					
一、市场需求						
1	响应国家重大工程战略需求					
2	西方国家对中国实行技术封锁，关键核心技术"卡脖子"问题突出					
3	建筑企业技术创新投入动力不足，技术创新能力提升遭遇技术瓶颈					
4	单个主体无法承担重大建设工程技术创新任务，现有的合作组织形式也难以解决问题					
二、政府支持						
1	制定并完善与创新联合体相关的法律法规和政策					
2	加大对创新联合体的专项资金投入，放宽贷款，降低贷款利率					
3	出台人才引进政策，完善知识产权和科技成果转让制度					
4	为创新联合体提供启动资金及场地支持					
5	对创新联合体申报的项目给予优先选择等支持					
三、创新领导者						
1	强烈的原始创新和自主创新诉求，普适性的技术需求					
2	资本雄厚，研发能力与抗风险能力较强，能为创新联合体投入大量资金和资源					
3	选择适合的合作伙伴，整合各方资源，协调利益分配					
4	致力于降低创新成本与风险					

续表

前因变量量表		完全不符合	比较不符合	一般	比较符合	完全符合
序号	题项					
四、主体邻近性						
1	具有共同愿景、目标和利益					
2	地理位置较接近					
3	存在以往合作经历					
4	具有亲缘关系或隶属关系					
5	技术研发人员水平相近，相关专利拥有率较接近					
五、资源需求						
1	实现技术优势互补					
2	共享或共同引进优秀人才					
3	提高社会名望和声誉					
4	促进科技成果产业化					
5	促进异质资源获取及共享，创造新知识					
结果变量量表：重大建设工程技术创新联合体形成成效						
1	成功组建并保持较好的稳定性					
2	很好地实现既定目标，人、财、物等资源达到预期使用效果					
3	建立了规范化体系制度，获得多个奖项、申请多个专利发明					
4	成员认为合作是有价值的，愿意继续进行合作					

参考文献

［1］白京羽，刘中全，王颖婕．基于博弈论的创新联合体动力机制研究［J］．科研管理，2020，41（10）：105－113.

［2］蔡超勋，谢洪涛，常凯．重大建设工程技术创新过程中业主与承包商合作行为演化博弈［J］．项目管理技术，2021，19（10）：9－15.

［3］蔡翔．创新、创新族群、创新链及其启示［J］．研究与发展管理，2002（06）：35－39.

［4］蔡岳峰．发挥科研成果在工程技术创新中的三导作用［J］．隧道与轨道交通，2018（02）：8－10，55.

［5］操友根，任声策，杜梅．企业牵头创新联合体合作网络研究——以上海市科技进步奖项目为例［J/OL］．科技进步与对策，1－10.

［6］曹霞，张鑫．新能源汽车产学研创新网络演化及邻近性机理［J/OL］．科学学研究，1－14［2023－03－29］．//https：//doi．org/10.16192/j.cnki.1003－2053.20230306.001.

［7］陈丹丹．装配式建筑产业链形成及影响因素研究［D］．长春：吉林建筑大学，2019.

［8］陈宏权，曾赛星，苏权科．重大工程全景式创新管理——以港珠澳大桥工程为例［J］．管理世界，2020，36（12）：212－227.

［9］陈劲，尹西明．强化企业创新主体地位，加快建设世界科技强国［J］．科技中国，2022，301（10）：11－14.

［10］陈晓利，孔维峰，王卫勇，田霞英．绿色建筑技术现状与发展策略分析［J］．四川水泥，2020，286（06）：95.

［11］成子敬．二元治理对重大工程项目技术创新网络脆弱性的影响研究

［D］．西安：西安建筑科技大学，2020．

［12］程红莉．产学研合作创新的形成条件与路径分析——基于湖北农业专利申请样本的 QCA 分析［J］．武汉轻工大学学报，2020，39（01）：90－96．

［13］代天卉．EPC 模式下联合体成员合作关系演化稳定性分析及仿真研究［D］．成都：西华大学，2021．

［14］戴建军，田杰棠，熊鸿儒．组建创新联合体亟须新机制［J］．科技中国，2022，302（11）：1－4．

［15］杜运周，贾良定．组态视角与定性比较分析（QCA）：管理学研究的一条新道路［J］．管理世界，2017（06）：155－167．

［16］房敬慧．价值共创视角下多团队系统高效协作驱动模式研究［D］．天津：天津理工大学，2021．

［17］丰静，王孟钧，李建光．重大建设工程技术创新协同治理框架——以港珠澳大桥岛隧工程为例［J］．中国科技论坛，2020，285（01）：41－49．

［18］冯泰文，李一，张颖．合作创新研究现状探析与未来展望［J］．外国经济与管理，2013，35（09）：72－80．

［19］傅家骥．技术创新学［M］．北京：清华大学出版社，1998．

［20］高举红，韩红帅，侯丽婷等．考虑产品绿色度和销售努力的零售商主导型闭环供应链决策研究［J］．管理评论，2015，27（04）：10．

［21］高茜滢，吴慈生，王琦．基于合作竞争与协同创新的创新联合体研究［J］．中国软科学，2022，383（11）：155－164．

［22］高长元，张晓星，张树臣．多维邻近性对跨界联盟协同创新的影响研究——基于人工智能合作专利的数据分析［J］．科学学与科学技术管理，2021，42（05）：100－117．

［23］郭娇妮，刘小虎，刘晗，陈秋瑜．健康建筑研究现状与发展趋势分析［J/OL］．南方建筑，1－13［2022－02－07］．

［24］郭菊娥，王梦迪，冷奥琳．企业布局搭建创新联合体重塑创新生态的机理与路径研究［J］．西安交通大学学报（社会科学版），2022，42（01）：76－84．

［25］韩志永．铁路工程技术创新影响因素及作用机理研究［J］．建材与

装饰，2018（17）：239-240.

[26] 何得雨，邹华，杨宣虎，刘一丁．"双碳"目标引领下创新生态系统之联合体协同演化博弈 [J]．沈阳大学学报（社会科学版），2021，23（06）：636-644.

[27] 何继善等．工程管理论 [M]．北京：中国建筑工业出版社，2017.

[28] 胡杨．基于多维邻近性的产学研合作模式形成机理分析 [J]．江汉论坛，2022，531（09）：35-43.

[29] 黄嫚丽，张明，皮圣雷，陆诗夏．中国企业逆向跨国并购整合组态与并购整合绩效关系研究 [J]．管理学报，2019，16（05）：656-664.

[30] 黄煜傑，王佳．政府对企业绿色技术创新的财政补助策略研究 [J]．环境保护与循环经济，2021，315（11）：83-88，106.

[31] 解学梅，王宏伟．产业技术创新战略联盟稳定性影响机制研究——一个合作机制视角的多案例探索性分析 [J]．科技进步与对策，2020，37（03）：62-71.

[32] 李伯聪．工程创新：聚焦创新活动的主战场 [J]．中国软科学，2008（10）：44-51，64.

[33] 李晋章，张虎翼，薛雷．基于创新型领军企业建设创新联合体的模式探析 [J]．科技促进发展，2022，18（03）：360-366.

[34] 李林，王艺，贾佳仪．产学研协同创新项目成功度研究——基于政府介入和利益分配方式的协同作用 [J]．湖南大学学报（社会科学版），2020，34（01）：49-57.

[35] 李健，王雅洁，吴军等．考虑声誉效应的存货质押融资中银行对物流企业的激励机制研究 [J]．中国管理科学，2017，25（07）：86-92. DOI：10.16381/j.cnki.issn1003-207x.2017.07.010.

[36] 李维维，于贵芳，温珂．关键核心技术攻关中的政府角色：学习型创新网络形成与发展的动态视角——美、日半导体产业研发联盟的比较案例分析及对我国的启示 [J]．中国软科学，2021，372（12）：50-60.

[37] 李玥．产业技术创新战略联盟稳定性机制研究 [D]．太原：太原理工大学，2019.

[38] 里豪克斯，拉金．QCA设计原理与应用：超越定性与定量研究的新

方法［M］. 北京：机械工业出版社，2017.

［39］林敏，张艺民，王帅，戴淑芬，张群. 发达国家支持企业技术创新政策研究［J］. 中国科技论坛，2015（11）：138－145.

［40］刘丛，黄卫来，郑本荣，杨超. 考虑营销努力和创新能力的制造商激励供应商创新决策研究［J］. 系统工程理论与实践，2017，37（12）：3040－3051.

［41］刘婷婷. 研究型合资企业（RJV）的国际发展路径及其政策启示［J］. 商业研究，2009，389（09）：92－95.

［42］刘友金，易秋平，贺灵. 产学研协同创新对地区创新绩效的影响——以长江经济带11省市为例［J］. 经济地理，2017，37（09）：1－10.

［43］刘云平，李渝，陈城，张永宏. 基于李雅普诺夫指数的非完整约束系统稳定性［J］. 华中科技大学学报（自然科学版），2016，44（12）：98－101，126.

［44］鲁芳，吴健，罗定提. 考虑产品体验性和营销努力的分销渠道合作策略研究［J］. 中国管理科学，2020，192（10）：144－155.

［45］路斌，赵世萍. 绿色建筑节能减排创新实践——以环境国际公约履约大楼为例［J］. 环境保护，2017，625（23）：54－59.

［46］路玉莹. 多维邻近性对校企创新合作绩效的影响研究［D］. 上海：上海应用技术大学，2022.

［47］罗晓曙. 混沌控制、同步的理论与方法及其应用［M］. 桂林：广西师范大学出版社，2007.

［48］吕冲冲，杨建君，张峰. 不同理论视角下组织间合作创新的对比分析［J］. 西安交通大学学报（社会科学版），2019，39（02）：51－58.

［49］马光红，刘佳玮. 考虑公平偏好的重大工程协同技术创新激励问题［J］. 上海大学学报（自然科学版），2020，26（05）：756－768.

［50］冒亚龙，葛毅鹏，冒卓影. 地域文化与绿色技术交融建筑创新理论与实践［J］. 南方建筑，2021，201（01）：1－6.

［51］牛秀红，刘海滨，周佳宁. 西部典型城市创新效率测算及影响因素路径分析［J］. 中国科技论坛，2019（04）：111－123.

［52］钱强，张艳超. 应用型大学促进区域创新联合体演进研究——基于

浙江低压电器产业的案例分析 [J]. 教育发展研究, 2022, 42 (19): 17-23.

[53] 宋波, 徐飞, 陈慕桦. 非对称性视角下企业战略联盟的形成动因 [J]. 现代管理科学, 2012, 236 (11): 6-8.

[54] 孙中国. 企业战略联盟成员满意研究 [D]. 哈尔滨: 哈尔滨理工大学, 2009.

[55] 时茜茜, 盛昭瀚, 朱建波等. 重大工程工厂化预制的动态协调激励 [J]. 系统工程, 2015, 33 (11): 94-100.

[56] 王安. 论工程创新与工程哲学 [J]. 工程研究——跨学科视野中的工程, 2020, 12 (05): 444-456.

[57] 王婵. 演化博弈视角下军民融合协同创新合作稳定性分析 [D]. 西安: 西北工业大学, 2019.

[58] 王后庆, 李茹玥, 王艳荣. 农业产业化联合体治理机制对其组织稳定性的影响研究 [J]. 云南农业大学学报 (社会科学), 2022, 16 (02): 76-86.

[59] 王孟钧, 刘慧, 张镇森, 陆洋. 重大建设工程技术创新网络协同要素与协同机制分析 [J]. 中国工程科学, 2012, 14 (12): 106-112.

[60] 王孟钧, 王涛, 郑俊巍, 张镇森. 铁路工程技术创新影响因素及作用机理研究 [J]. 铁道学报, 2016, 38 (02): 141-148.

[61] 王孟钧, 张镇森. 重大建设工程技术创新网络形成机理与运行机制分析 [J]. 中国工程科学, 2011, 13 (08): 62-66.

[62] 王长江, 姜涛, 陈厚合, 李国庆, 刘福锁. 基于相位校正李雅普诺夫指数的电力系统暂态电压稳定评估 [J]. 电工技术学报, 2021, 36 (15): 3221-3236.

[63] 魏喜武, 郝莹莹, 薛霞. 上海提升企业自主创新能力的瓶颈与对策 [J]. 科学发展, 2021, 151 (06): 17-23.

[64] 魏旭光, 罗宜康, 杨青松等. 基于多维邻近性的新兴技术创新超网络演化研究——以新能源汽车产业为例 [J]. 工业技术经济, 2021, 40 (05): 56-64.

[65] 巫景飞. 企业战略联盟: 动因、治理与绩效 [D]. 上海: 复旦大学, 2005.

[66] 吴晓波, 张馨月, 沈华杰. 商业模式创新视角下我国半导体产业

"突围"之路［J］. 管理世界，2021，37（03）：123 - 136.

［67］谢洪涛，王孟钧. 重大工程项目技术创新组织障碍生成机理研究［J］. 中国科技论坛，2010，170（06）：25 - 30，36.

［68］谢晶欣. 产学研联盟的形成机理研究［D］. 上海：上海交通大学，2008.

［69］邢鹏，尤浩宇，樊玉臣. 考虑平台营销努力的直播电商服务供应链质量努力策略［J］. 控制与决策，2022，37（01）：205 - 212.

［70］徐海龙，陈志. 创新联合体建设的地方实践、关键问题及政策建议［J］. 科技中国，2022，302（11）：15 - 19.

［71］徐盈之，张瑞婕，孙文远. 绿色技术创新、要素市场扭曲与产业结构升级［J］. 研究与发展管理，2021，33（06）：75 - 86.

［72］闫梦娜. 基于演化博弈的跨境电商生态系统稳定性研究［D］. 郑州：郑州大学，2020.

［73］杨博文，伊彤. 企业参与国家战略科技力量建设的路径分析与对策研究［J］. 科学管理研究，2022，40（05）：118 - 126.

［74］杨磊. 浅析生物医药类小微企业横向联盟形成动因［J］. 经济研究刊，2022，499（05）：10 - 13.

［75］杨元华，赵辉，杨修明. 绿色建筑技术创新的现状与建议［J］. 建筑经济，2019，442（08）：94 - 96.

［76］杨中杰，张飞涟，刘尚，钱程亮. 企业绿色建筑技术集成创新作用机理实证研究［J］. 铁道科学与工程学报，2020，123（06）：1603 - 1610.

［77］姚潇颖，卫平，李健. 产学研合作模式及其影响因素的异质性研究——基于中国战略新兴产业的微观调查数据［J］. 科研管理，2017，38（08）：1 - 10.

［78］叶卫正. 建筑业产业技术创新战略联盟组织模式与利益分配研究［D］. 南昌：南昌航空大学，2018.

［79］殷瑞钰，田宗伟，孙钰芳. 工程哲学对重大工程的作用和意义［J］. 中国三峡，2018（07）：86 - 91.

［80］殷瑞钰. 关于工程与工程创新的认识［J］. 岩土工程界，2006（08）：21 - 24.

[81] 于淼，马军海．双渠道回收闭环供应链演化博弈复杂性与控制 [J]．复杂系统与复杂性科学，2017，14（02）：65-74，81．

[82] 曾磊，张进，陈城，王青娥．重大建设工程技术与管理协同创新关键影响因素研究 [J]．科技进步与对策，2016，33（16）：7-11．

[83] 曾赛星，陈宏权，金治州，苏权科．重大工程创新生态系统演化及创新力提升 [J]．管理世界，2019，35（04）：28-38．

[84] 张驰，郑晓杰，王凤彬．定性比较分析法在管理学构型研究中的应用：述评与展望 [J]．外国经济与管理，2017，39（04）：68-83．

[85] 张赤东，彭晓艺．创新联合体的概念界定与政策内涵 [J]．科技中国，2021（06）：5-9．

[86] 张冬丽．超地方网络视角下主体邻近性对集群企业外部知识获取影响研究 [D]．天津：河北工业大学，2016．

[87] 张鸿，郝添磊，汪玉磊．基于创新链视角的科技创新效率实证分析 [J]．西安财经学院学报，2017，30（06）：56-61．

[88] 张剑，李鑫，王宇等．不同空间尺度下多维邻近性对京津冀城市技术创新合作的影响 [J]．城市发展研究，2022，29（02）：34-40．

[89] 张敬文，江晓珊，周海燕．战略性新兴产业技术创新联盟合作伙伴选择研究——基于 PLS-SEM 模型的实证分析 [J]．宏观经济研究，2016（05）：79-86，159．

[90] 张明，陈伟宏，蓝海林．中国企业"凭什么"完全并购境外高新技术企业——基于 94 个案例的模糊集定性比较分析（fsQCA） [J]．中国工业经济，2019（04）：117-135．

[91] 张明，杜运周．组织与管理研究中 QCA 方法的应用：定位、策略和方向 [J]．管理学报，2019，16（09）：1312-1323．

[92] 张希何．建筑工程绿色施工技术创新与节能环保措施分析 [J]．皮革制作与环保科技，2021，45（21）：150-151．

[93] 张羽飞，原长弘，张树满．共建产学研创新联合体对科技中小企业创新绩效的影响研究 [J]．管理学报，2023，20（01）：76-85．

[94] 张玉臣，王芳杰．研发联合体：基于交易成本和资源基础理论视角 [J]．科研管理，2019，40（08）：1-11．

［95］张镇森，王孟钧．重大建设工程技术创新网络作用机理研究［J］．科技进步与对策，2012，29（18）：30－34．

［96］郑子龙．多维邻近性视角下的新创高技术企业知识集聚研究［D］．长春：吉林大学，2018．

［97］中共中央关于制定国民经济和社会发展第十四个五年规划和二〇三五年远景目标的建议［N］．新华社，2020－11－03．

［98］周雪亮，张纪海，韩志弘．创新链驱动的科技园区军民科技技术创新发展模式研究［J］．科技进步与对策，2021，38（06）：105－112．

［99］邹恩，李祥飞，陈建国．混沌控制及其优化应用［M］．长沙：国防科技大学出版社，2002．

［100］Ahlstrom D., Levitas E., Hitt M. A. et al., The three faces of China: strategic alliance partner selection in three ethnic Chinese economies［J］. *Journal of World Business*, 2014, 49 (04): 572－585.

［101］Al-Atesh E. A., Rahmawati Y., Zawawi N. A. et al., A decision-making model for supporting selection of green building materials［J］. International Journal of Construction Management, 2023, 23 (05): 922－933.

［102］Arslan O., Archetti C., Jabali O. et al., Minimum cost network design in strategic alliances［J］. *Omega-International Journal of Management Science*, 2020 (96).

［103］Bamfield P., The Innovation chain, research and development management in the chemical and pharmaceutical industry［M］. 2nd ed. Weinheim: WILEY-VCH Verlag GmBH & Co., 2004.

［104］Belderbos R., Carree M., Diederen B. et al., Heterogeneity in R&D cooperation strategies［J］. *International Journal of Industrial Organization*, 2004, 22 (8－9): 1237－1263.

［105］Bheel N., Khoso S., Baloch M. H. et al., Use of waste recycling coal bottom ash and sugarcane bagasse ash as cement and sand replacement material to produce sustainable concrete［J］. *Environmental Science and Pollution Research*, 2022. DOI: 10.1007/s11356－022－19478－3.

［106］Blind K., Mangelsdorf A., Motives to standardize: Empirical evidence from Germany [J]. *Technovation*, 2016, 48 – 49: 13 – 24.

[107] Brockman P., Khurana I. K., Zhong R., Societal trust and open innovation [J]. *Research Policy*, 2018, 47 (10): 2048 – 2065.

[108] Brockmann C., Brezinski H., Erbe A., Innovation in construction megaprojects [J]. *Journal of Construction Engineering and management*, 2016, 142 (11): 04016059.

[109] Busenitz L. W., Gomez C., Spencer J. W., Country institutional profiles: Unlocking entrepreneurial phenomena [J]. *Academy of Management Journal*, 2000, 43 (05): 994 – 1003.

[110] Caves R. E., Crookell H., Killing J. P., The imperfect market for technology licenses [J]. *Oxford Bulletin of Economics and Statistices*, 1983, 45 (03): 249 – 267.

[111] Chen H. Q., Jin Z. Z., Su Q. K. et al., The roles of captains in megaproject innovation ecosystems: the case of the Hong Kong-Zhuhai-Macau Bridge [J]. *Engineering, Construction and Architectural Management*, 2020, 28 (03): 662 – 680.

[112] Chen H. Q., Su Q. K., Zeng S. X., Sun D. X. et al., Avoiding the innovation island in infrastructure mega-project [J]. *Frontiers of Engineering Management*, 2018, 5 (01): 109 – 124.

[113] Chen L. Y., Gao X., Hua C. X., Gong S. T. et al., Evolutionary process of promoting green building technologies adoption in China: A perspective of government [J]. *Journal of Cleaner Production*, 2021, 279: 123607.

[114] Chen L., Bai X., Chen B. et al., Incentives for green and low-carbon technological innovation of enterprises under environmental regulation: from the perspective of evolutionary game [J]. *Frontiers in Energy Research*, 2022, 9: 793667.

[115] Chen P. H. and Nguyen T. C., A BIM-WMS integrated decision support tool for supply chain management in construction [J]. *Automation in Construction*, 2019, 98: 289 – 301.

[116] Chen Y., Ng S. T., Hossain M. U., Approach to establish carbon

emission benchmarking for construction materials ［J］. *Carbon Management*, 2019, 9 （06）: 587 - 604.

［117］ Chi Y. Y. , Liu Z. R. , Wang X. , Zhang Y. Y. et al. , Provincial CO_2 emission measurement and analysis of the construction industry under china's carbon neutrality target ［J］. *Sustainability*, 2021, 13 （04）: 1876.

［118］ Choi J. , Choosing an appropriate alliance governance mode: The role of institutional, cultural, and geographical distance in international research & development （R&D） collaborations ［J］. *Journal of International Business Studies*, 2016, 47 （02）: 210 - 232.

［119］ Damayanti R. W. , Hartono B. , Wijaya A. R. , Clarifying mega-project complexity in developing countries: A literature review and conceptual study ［J］. *International Journal of Engineering Business Management*, 2021, 13.

［120］ Davies A. , Gann D. , Douglas T. , Innovation in megaprojects: systems integration at London heathrow terminal 5 ［J］. *California Management Review*, 2009, 51 （02）: 101 - 125.

［121］ Davies A. , MacAulay S. , DeBarro T. et al. , Making innovation happen in a megaproject: London's crossrail suburban railway system ［J］. *Project Management Journal*, 2014, 45 （06）: 25 - 37.

［122］ Delery J. E. , Doty D. H. , Modes of theorizing in strategic human resource management: Tests of universalistic, contingency, and configurational performance predictions ［J］. *Academy of Management Journal*, 1996, 39 （04）: 802 - 835.

［123］ Du Q. , Hao T. T. , Huang Y. D. et al. , Prefabrication decisions of the construction supply chain under government subsidies ［J］. *Environmental Science and Pollution Research*, 2022. DOI: 10. 1007/s11356 - 022 - 19861 - 0.

［124］ Du Y. C. , Zhou H. Y. , Yuan Y. B. et al. , Explore Knowledge-Sharing Strategy and Evolutionary Mechanism for Integrated Project Team Based on Evolutionary Game Model ［J］. *Advances in Civil Engineering*, 2019: 4365358.

［125］ Fiss P. C. , Building Better Causal Theories: A Fuzzy Set Approach to Typologies in Organization Research ［J］. *Academy of Management Journal*, 2011, 54 (2): 393 –420.

［126］ Flyvbjerg B. , What you should know about megaprojects and why: an overview ［J］. *Project Management Journal*, 2014, 45: 6 –19.

［127］ Friedman D. , On economic applications of evolutionary game theory ［J］. *Journal of Evolutionary Economics*, 1998, 8 (01): 15 –43.

［128］ Galor O. , Weil D. N. , Population, technology, and growth: From Malthusian stagnation to the demographic transition and beyond ［J］. *American Economic Review*, 2000, 90 (04): 806 –828.

［129］ Gann D. M. , Salter A. J. , Innovation in project-based, service-enhanced firms: the construction of complex products and systems ［J］. *Research Policy*, 2000, 29 (7/8): 955 –972.

［130］ Ge Z. H. , Hu Q. Y. , Goh C. H. et al. , Action-dependent commitment in vertical collaborations: The effect of demand-creating innovations in a supply chain ［J］. *Transportation Research Part E: Logistics and Transportation Review*, 2021 (147).

［131］ Ghosh A. , Ranganathan R. , Rosenkopf L. , The impact of context and model choice on the determinants of strategic alliance formation: evidence from a staged replication study ［J］. *Strategic Management Journal*, 2016, 37 (11): 2204 –2221.

［132］ Gil N. , Miozzo M. , Massini S. , The innovation potential of new infrastructure development: An empirical study of Heathrow airport's T5 project ［J］. *Research Policy*, 2012, 41 (02): 452 –466.

［133］ Giri R. N. , Mondal S. K. , Maiti M. , Government intervention on a competing supply chain with two green manufacturers and a retailer ［J］. *Computers & Industrial Engineering*, 2019, 128: 104 –121.

［134］ Glaister K. W. , Buckley P. J. , Measures of performance in UK international alliances ［J］. *Organization Studies*, 1998, 19 (01): 89 –118.

［135］ Grandori A. , Furnari S. , A chemistry of organization: Combinatory analysis and Design [J]. *Organization Studies*, 2008, 29 (03): 459 – 485.

[136] Gulati R., Alliances and networks [J]. *Strategic Management Journal*, 1998, 19 (04): 293 – 317.

[137] Guo B., Cheng Z. J., Feng T., Research on the influence of dual governance on the vulnerability of technology innovation network in major engineering projects [J]. *International Journal of Electrical Engineering Education*, 2020: 0020720920940606.

[138] Gurnani H., Erkoc M., Supply contracts in manufacturer-retailer interactions with manufacturer uality and retailer effort nduced demand [J]. *Naval Research Logistics (NRL)*, 2010, 55 (03): 200 – 217.

[139] Harrigan K. R., Joint ventures and competitive strategy [J]. *Strategic Management Journal*, 1988, 9 (02): 141 – 158.

[140] He Q. H., Xu J. Y., Wang T. et al., Identifying the driving factors of successful megaproject construction management: Findings from three Chinese cases [J]. *Frontiers of Engineering Management*, 2021, 8 (01): 5 – 16.

[141] He W., Yang Y. B., Wang W., et al., Empirical study on long-term dynamic coordination of green building supply chain decision-making under different subsidies [J]. *Building and Environment*, 2021 (208).

[142] Hemmert M., Bstieler L., Okamuro H., Bridging the cultural divide: Trust formation in university-industry research collaborations in the US, Japan, and South Korea [J]. *Technovation*, 2014, 34 (10): 605 – 616.

[143] Hu Z. N., Xie Y. L., Xu G. P., et al., Advantages and potential challenges of applying semi-rigid elements in an immersed tunnel: A case study of the Hong Kong-Zhuhai-Macao Bridge [J]. *Tunnelling and Underground Space Technology*, 2018 (79) 143 – 149.

[144] Jami T., Karade S. R., Singh L. P., A review of the properties of hemp concrete for green building applications [J]. *Journal of Cleaner Production*, 2019 (239).

[145] Jian S., Feng L., Wu D. D. et al., Supply chain coordination through integration of innovation effort and advertising support [J]. *Applied Mathe-*

matical Modelling, 2017 (49) 108 – 123.

［146］ Jiang W. , Liu M. L. , Gan L. et al. , Optimal pricing, ordering, and coordination for prefabricated building supply chain with power structure and flexible cap-and-trade ［J］. *Mathematics*, 2021, 9 (19): 2426.

［147］ Kattel G. R. , Shang W. X. , Wang Z. J. et al. , China's south-to-north water diversion project empowers sustainable water resources system in the north ［J］. *Sustainability*, 2019, 11 (13): 3735.

［148］ Keast R. L. , Hampson K. D. , Building constructive innovation networks: role of relationship management ［J］. *Journal of Construction Engineering and Management*, 2007, 133 (05): 364 – 373.

［149］ Khoshnava S. M. , Rostami R. , Valipour A. , et al. , Rank of green building material criteria based on the three pillars of sustainability using the hybrid multi criteria decision making method ［J］. *Journal of Cleaner Production*, 2018 (173): 82 – 99.

［150］ Khoshnava S. M. , Rostami R. , Zin R. M. , et al. , The Role of Green Building Materials in Reducing Environmental and Human Health Impacts ［J］. *International Journal of Environmental Research and Public Health*, 2020, 17 (07).

［151］ Krueger K. , Stoker A. , Gaustad G. , "Alternative" materials in the green building and construction sector Examples, barriers, and environmental analysis ［J］. *Smart and Sustainable Built Environment*, 2019, 8 (04): 270 – 291.

［152］ Larsson J. , Eriksson P. E. , Dlofsson T. et al. , Industrialized construction in the Swedish infrastructure sector: core elements and barriers ［J］. *Construction Management & Economics*, 2014, 32 (1 – 3): 83 – 96.

［153］ Lehtinen J. , Peltokorpi A. , Artto K. , Megaprojects as organizational platforms and technology platforms for value creation ［J］. *International Journal of Project Management*, 2019, 37 (01): 43 – 58.

［154］ Li C. Y. , Cao X. , Chi M. , Research on an evolutionary game model and simulation of a cluster innovation network based on fairness preference ［J］.

Plos One, 2020, 15 (01): e0226777.

［155］ Li D. Z. , Huang G. Y. , Zhang G. M. , et al. , Driving factors of total carbon emissions from the construction industry in Jiangsu Province, China ［J］. *Journal of Cleaner Production*, 2020 (276).

［156］ Li Z. M. , Pan Y. C. , Yang W. , et al. , Effects of government subsidies on green technology investment and green marketing coordination of supply chain under the cap-and-trade mechanism ［J］. *Energy Economics*, 2021 (101).

［157］ Lin F. J. , Wu S. H. , Hsu M. S. , et al. , The determinants of government-sponsored R&D alliances ［J］. *Journal of Business Research*, 2016, 69 (11): 5192 –5195.

［158］ Liu A. M. M. , Chan I. Y. S. , Understanding the interplay of organizational climate and leadership in construction innovation ［J］. *Journal of Management in Engineering*, 2017, 33 (05).

［159］ Liu H. M. , Yu Y. R. , Sun Y. X. , et al. , A system dynamic approach for simulation of a knowledge transfer model of heterogeneous senders in mega project innovation ［J］. Engineering Construction and Architectural Management, 2020, 28 (03): 681 –705.

［160］ Liu Y. , Houwing E. J. , Hertogh M. , et al. , Explorative learning in infrastructure development megaprojects: the case of the hong kong-zhuhai-macao bridge ［J］. *Project Management Journal*, 2022, 53 (02): 113 –127.

［161］ Liu Z. R. , Guo A. , Application of green building materials and multi-objective energy-Saving optimization design ［J］. *International Journal of Heat and Technology*, 2021, 39 (01): 299 –308.

［162］ Ma P. , Wang H. , Shang J. , Supply chain channel strategies with quality and marketing effort-dependent demand ［J］. *International Journal of Production Economics*, 2013, 144 (02): 572 –581.

［163］ Ma Y. H. , Kong L. K. , Yang X. M. , et al. , Innovation cooperation network evolution about green building technology with government intervention: based on evolutionary game theory ［J］. *IEEE Access*, 2021 (9).

［164］ Manley K. , The innovation competence of repeat public sector client in the Australian construction industry [J]. *Construction Management and Economics*, 2006, 24 (02): 295 – 304.

[165] Manolova T. S. , Eunni R. V. , Gyoshev B. S. , Institutional environments for entrepreneurship: Evidence from emerging economies in Eastern Europe [J]. *Entrepreneurship Theory and Practice*, 2008, 32 (01): 203 – 218.

[166] Marey H. , Kozma G. , Szabo G. , Effects of using green concrete materials on the CO_2 emissions of the residential building sector in egypt [J]. *Sustainability*, 2022, 14 (06).

[167] Miller D. , Configurations of strategy and structure: Towards a synthesis [J]. *Strategic Management Journal*, 1986, 7 (3): 233 – 249.

[168] Mohr J. , Spekman R. , Characteristics of partnership success [J]. *Strategic Management Journal*, 1994, 15 (02): 35 – 152.

[169] Omer M. A. B. , Noguchi T. , A conceptual framework for understanding the contribution of building materials in the achievement of Sustainable Development Goals (SDGs)[J]. *Sustainable Cities and Society*, 2020 (52).

[170] Ordover J. A. , Willig R. D. , Antitrust for high-technology industries: assessing research joint ventures and mergers [J]. *The Journal of Law and Economics*, 1985, 28 (02): 311 – 333.

[171] Orsini F. , Marrone P. , Approaches for a low-carbon production of building materials: A review [J]. *Journal of Cleaner Production*, 2019 (241).

[172] Orstavik, Finn, Andrew R. J. , et al. , eds, Construction innovation [M]. John Wiley & Sons, 2015.

[173] Ozorhon B. , Oral K. , Drivers of innovation in construction projects [J]. *Journal of Construction Engineering and Management*, 2017, 143 (04).

[174] Ozorhon B. , Oral K. , Demirkesen S. , Investigating the components of innovation in construction projects [J]. *Journal of Management in Engineering*, 2016, 32 (03).

[175] Poesche J. , Shipin O. , Liu Y. , et al. What biological evolution teaches about sustainable engineering innovation [J]. *Journal of Cleaner Produc-*

tion, 2019 (240): 118 – 267.

[176] Qin S. Q. , Gao Z. Y. , Developments and prospects of long-span high-speed railway bridge technologies in China [J]. *Engineering*, 2017, 3 (06): 787 – 794.

[177] Qiu Y. M. , Chen H. Q. , Sheng Z. H. , et al. , Governance of institutional complexity in megaproject organizations [J]. *International Journal of Project Management*, 2019, 37 (03): 425 – 443.

[178] Ragin C. C. , Fuzzy-Set social science [M]. University of Chicago Press Economics Books, 2000.

[178] Ragin C. C. , The comparative method: moving beyond qualitative and quantitative strategies [M]. University of California Press, 1987.

[180] Rau P. , Spinler S. , Alliance formation in a cooperative container shipping game: performance of a real options investment approach [J]. *Transportation Research Part E: Logistics and Transportation Review*, 2017, 2 (05): 155 – 175.

[181] Rihoux B. , Ragin C. C. , Configurational comparative methods: qualitative comparative analysis (QCA) and related techniques [M]. Thousand Oaks: Sage, 2009.

[182] Roig-Tierno N. , Huarng K. H. , Ribeiro-Soriano D. , Qualitative comparative analysis: Crisp and fuzzy sets in business and management [J]. *Journal of Business Research*, 2016, 69 (04): 1261 – 1264.

[183] Salvia M. , Reckien D. , Pietrapertosa F. et al. , Will climate mitigation ambitions lead to carbon neutrality? An analysis of the local-level plans of 327 cities in the EU [J]. *Renewable and Sustainable Energy Reviews*, 2021 (135).

[184] Schilling M. A. , Technology shocks, technological collaboration, and innovation outcomes [J]. *Organization Science*, 2015, 26 (03): 668 – 686.

[185] Schneider C. Q. , Wagemann C. , Set-Theoretic methods for the social sciences: a guide to qualitative comparative analysis [M]. Cambridge: Cambridge University Press, 2012.

[186] Seaden G. , Manseau A. , Public policy and construction innovation

[J]. Building Research & Information, 2001, 29 (03): 182 – 196.

[187] Sergeeva N., Zanello C., Championing and promoting innovation in UK megaprojects [J] International Journal of Project Management, 2018, 36 (08): 1068 – 1081.

[188] Shen L. Y., Yang J. S., Zhang R., et al., The benefits and barriers for promoting bamboo as a green building material in china an integrative analysis [J]. Sustainability, 2019, 11 (09): 24 – 93.

[189] Sinayi M., Rasti-Barzoki M., A game theoretic approach for pricing, greening, and social welfare policies in a supply chain with government intervention [J]. Journal of Cleaner Production, 2018 (196): 1443 – 1458.

[190] Stokke O. S., Qualitative comparative analysis, shaming, and international regime effectiveness [J]. Journal of Business Research, 2007, 60 (05): 501 – 511.

[191] Su C., Liu X. J., Du W. Y., Green supply chain decisions considering consumers' low-carbon awareness under different government subsidies [J]. Sustainability, 2020, 12 (06): 2281.

[192] Sun Z. H., Ma Z. L., Ma M. D. et al., Carbon peak and carbon neutrality in the building sector: a bibliometric review [J]. Buildings, 2022, 12 (02): 128.

[193] Suprun E. V., Stewart R. A., Construction innovation diffusion in the Russian Federation: Barriers, drivers and coping strategies [J]. Construction Innovation, 2015.

[194] Suprun E., Stewart R. A., Sahin O., et al., Mapping the construction innovation system in therussian federation: Conceptual model development [C]. IEEE International Conference on Industrial Engineering and Engineering Management (IEEM). IEEE, 2016: 420 – 423.

[195] Tan R. W., Qing X., Yang J. S., et al., Analysis on recycling channel selection of construction and demolition waste in china from the perspective of supply chain [J]. International Journal of Environmental Research and Public Health, 2022, 19 (09): 4975.

[196] Teece D. J., Competition, cooperation, and innovation: Organizational arrangements for regimes of rapid technological progress [J]. *Journal of Economic Behavior & Organization*, 1992, 18 (01): 1 – 25.

[197] Vonortas N. S., Research joint ventures in the US [J]. *Research Policy*, 1997, 26 (4 – 5): 577 – 595.

[198] Wang Y., Guo C. H., Chen X. J. et al., Carbon peak and carbon neutrality in China: Goals, implementation path and prospects [J]. *China Geology*, 2021, 4 (04): 720 – 746.

[198] Wang, Haiyan, Shang et al., Enhancing corporate social responsibility: Contract design under information asymmetry [J]. *Omega: The International Journal of Management Science*, 2017, 67: 19 – 30.

[200] Wiklund J., Shepherd D. A., The effectiveness of alliances and acquisitions: The role of resource combination activities [J]. *Entrepreneurship Theory and Practice*, 2008, 33 (01): 193 – 212.

[201] Xia W. F., Li B. Z., Yin S., A Prescription for Urban Sustainability Transitions in China: Innovative Partner Selection Management of Green Building Materials Industry in an Integrated Supply Chain [J]. *Sustainability*, 2020, 12 (07): 2581.

[202] Xiaolong Xue, et al., Collaborative innovation in construction project: A social network perspective [J]. *KSCE Journal of Civil Engineering*, 2018, 22 (02): 417 – 427.

[203] Xu X. D., Wang Z. L., Zhu Y. F., et al., Subject behavior of collaborative innovation in civil-military integration: an evolutionary game analysis [J]. *Mathematical Problems in Engineering*, 2021 (1 – 7).

[204] Xue X. L., Zhang R. X., Wang L., et al., Collaborative innovation in construction project: A social network perspective [J]. *KSCE Journal of Civil Engineering*, 2018, 22 (02): 417 – 427.

[205] Yan X., Evolutionary game analysis of engineering construction innovation and local government nvironmental regulation strategy [C] //IOP Conference Series: Materials Science and Engineering. IOP Publishing, 2020, 768 (03).

［206］Yang Z. , Chen H. , Du L. , et al. , How does alliance-based government-university-industry foster cleantech innovation in a green innovation ecosystem? ［J］. *Journal of Cleaner Production*, 2021（283）.

［207］Yao Q. Z. , Shao L. S. , Research on emission reduction strategies of building materials manufacturers and real estate developers in the context of carbon trading ［J］. *Frontiers in Environmental Science*, 2022（10）.

［208］Yi L. , Hiroatsu F. , Incentives for innovation in robotics and automated construction: based on a tripartite evolutionary game analysis ［J］. *Sustainability*, 2022, 14（04）.

［209］Yin S. , Li B. Z. , Xing Z. Y. , The governance mechanism of the building material industry（BMI）in transformation to green BMI: The perspective of green building ［J］. *Science of The Total Environment*, 2019（677）: 19 − 33.

［210］Yin S. , Zhang N. , Li B. et al. , Enhancing the effectiveness of multi-agent cooperation for green manufacturing: Dynamic co-evolution mechanism of a green technology innovation system based on the innovation value chain ［J］. *Environmental Impact Assessment Review*, 2021（86）.

［211］Zan A. , Yao Y. H. , Chen H. H. , University-Industry collaborative innovation evolutionary game and simulation research: the agent coupling and group size view ［J］. *IEEE Transactions on Engineering Management*, 2021, 68（05）: 1406 − 1417.

［212］Zhang C. L. , Zhang J. , Jiang P. , Assessing the risk of green building materials certification using the back-propagation neural network ［J］. *Environment Development and Sustainability*, 2021, 24（05）.

［213］Zhao J. Y. , Dong L. , Xi X. , Research on the strategic alliance innovation system evolution mechanism: the perspective of knowledge flow ［J］. *Cluster Computing*, 2019, 2（01）: 103 − 109.

［214］Zheng X. , Lu Y. J. , Chang R. D. , Governing behavioral relationships in megaprojects: examining effect of three governance mechanisms under project uncertainties ［J］. *Journal of Management in Engineering*, 2019, 35（05）.

［215］Zhou X. H. , Zhang X. G. , Thoughts on the development of bridge technology in China ［J］. *Engineering*, 2019, 5（06）: 1120 – 1130.

［216］Zhu J. Q. , Xu J. , Driving factors of green supply chain management in building materials enterprises ［C］. IOP Conference Series: Earth and Environmental Science, 2019, 295（02）: 012063.